핸드백에 술을 숨긴 적이 있다

핸드백에 술을 숨긴 적이 있다

임유영의 10월

ㄴㄴ〉〈ㄷㄴ

차례

작가의 말 마시기 좋은 계절 7

10월 1일 시 예언 13
10월 2일 에세이 파리의 공기 50cc 17
10월 3일 에세이 내 영혼은 오래되었으나 23
10월 4일 시 그 빛 31
10월 5일 에세이 빌고 싶은 마음 35
10월 6일 낭독용 시 성물 45
10월 7일 에세이 바텐더 49
10월 8일 연작시 우울한 여자 57
10월 9일 연작시 슬픈 여자 61
10월 10일 연작시 행복한 여자 65
10월 11일 에세이 과거로부터 69
10월 12일 시 악령시장 77
10월 13일 시 까마귀는 발이 세 개 81
10월 14일 관람 후기 휴먼스케일 85
10월 15일 시 사향 93
10월 16일 메모 익명의 중독자들 97

10월 17일	에세이	만신전 103
10월 18일	시	전라감영 109
10월 19일	시	실제로 일어나는 일 113
10월 20일	에세이	누가 빨강, 노랑, 파랑을 두려워하랴? 117
10월 21일	시	연해주 125
10월 22일	에세이	섬광 129
10월 23일	시	한국의 재배식물 135
10월 24일	에세이	보일 듯이 보일 듯이 보이지 않는 137
10월 25일	시	아스파라거스가 있는 정물 145
10월 26일	시	가드닝 149
10월 27일	에세이	쉬운 소나타 153
10월 28일	시	행성 159
10월 29일	에세이	물 한 사발 163
10월 30일	시	회고와 전망 169
10월 31일	에세이	작고 성가시고 끈질기게 173

작
가
의
말

마시기 좋은 계절

 나는 술을 못 마신다. 못 마셔야 옳다. 양친으로부터 술을 조금만 마셔도 얼굴이 심각하게 붉어지는 유전자를 물려받았다. 몸이 알코올을 분해하지 못한다는 뜻이다. 그러니까 못 마시는 게 맞다.

 잘 마시고 많이 마시는 사람들이야 자신들의 건강이나 우려하면 될 일이다. 문제는 항상 나처럼 못 마시고 많이 마시는 사람들이 일으킨다. 나는 술을 마시기 시작하면 과음한다. 술을 마시기 전 늘 다짐하지만 절제가 어렵다. 나는 당신과 같이 술자리에서 적당히 어울려 놀기 좋은 친구가 아니다. 하지만 당신이 술을 엄청나게 마시고 기억을 잃고 허튼짓을 잔뜩 하고 해뜬 뒤에 귀가하기로 했다면 나를 찾아오면 된다. 한 3차쯤에 엉망진창이 되어 무리와 헤어지고 혼자 바에 앉았는데 곁에 내가 있다면 외롭진 않을 것이다. 나는 다음날이고 다다음날이고 당신을 나무라는 일이 없다. 아마 당신의 전화번호도 묻지 않을 것이다. 이름도 묻지 않았을 수 있다. 통성명을 몇 번이나 하고도 기억하지 못할지도(최근엔 핸드폰 메모장을 켜고 열심히 메모하는 습관이 생겨서 그나마 다행이다). 다음번에 당신이 나를 만났을 때 내가 당신에게 건네는 첫마디는 미안하단 말일 것이다(알아본다면 말이지만).

필름이 자주 끊기는 걸 인지한 몇 년 전부터 주로 집에서 혼자 술을 마신다. 혼자 마시면 적어도 누군가에게 민폐는 끼치지 않아도 되니까 마음이 편하다. 하지만 좋아하는 사람들에겐 같이 술을 마시자고 곧잘 조르기도 한다. 뒤풀이 같은 게 있으면 어김없이 낀다. 어떤 친구는 내가 딱 열두시까지만 재밌다고 한다. 그 이후가 되면……

나는 술이 좋다.

스무 살까지는 술을 입에 대지도 않았다. 그저 막연한 열

망으로 예술대학에 진학한 다음 술을 배웠다. 미술 실기 전공도 아니고 이론 전공으로 학교에 들어갔는데 이도저도 아닌 듯 애매한 느낌이 늘 있었다. 실기과 친구들과 자주 어울려 술을 마셨다. 친구 작업실에서 술을 마신 뒤, 과방에서 과제를 끝내고 또 술 마시러 밤중에 나서면 어디선가 아름다운 대금이니 거문고 소리가 희미하게 들려왔다. 학교 앞엔 술집이 몇 군데 없어서 어딜 가나 학생들로 북적거렸다. 믿을 수 없을 정도로 모두가 열렬하게 예술(아니면 연애) 이야기를 하고 있었다! 영화니, 음악이니, 미술이니 떠들썩했다. 낭만적인 대학 생활. 꼭 그런 것만도 아니다. 끔찍한 일도 많았는데 술 덕분에 모두 잊은 것 같다. 그때 만난 소중한 친구들이 있어 나쁘지 않게 기억하는 것일지도 모르겠다.

그러니까, 술을 끊어야 한단 생각은 남들보다 일찍이 했는데 진짜, 진짜로 나도 중독이고 나부터 끊어야 된다는 생각을 한 건 꽤 최근이다. 그간의 주사를 생각하면 스스로도 믿기 어려울 정도로 멍청한 일이지만…… 많이들 묻는데, 나는 술을 마시면 글을 못 쓴다. 술기운에 키보드를 두들기

기도 하지만 아침에 다시 보면 어김없는 쓰레기다. 그런 것은 메모로도 쓸모가 없을 정도로 엉망이다. 며칠 뒤에는 어떨까? 1년이고 2년이고 지나도 쓰레기는 쓰레기다.

글쓰는 게 좋다. 술도 좋다. 둘을 한 번에 할 수는 없는 모양이다. 왜 한꺼번에 둘 다 못할까? 슬프다. 그래도 살다보면 혹시 어떻게든 될지도 모르니까 살아보자.

수줍음을 꽤 타는 성격인데 술만 마시면 반대가 된다. 지금의 친구들은 거의 술을 마시며 친해진 사람들이다. 취한 나는 호인이고 관용적이고 다정해진다. 현실을 말하자면 무례하고 오지랖 넓고 경계를 휘저으며 막말하는 주정뱅이일 뿐인데. 곁을 지켜준 친구들에게 감사하다. 너희들을 잃지 않기 위해서라도 내 올해는 반드시…… 살면서 나처럼 절제력, 인내력, 통제력 부족한 사람도 몇 못 봤지만, 어쩌면 술보다 좋은 게 있는 것도 같아. 진짜 그건 그런 것 같아.

이 책을 읽고 내게 술 선물을 하는 사람이 없길 바란다. 술자리에서 만났다면 한잔 사줘도 괜찮지만……

다음 시집에선 보이지 않는 것들, 안 보이면서도 확실히 거기에 있는 것들에 대해 집중하고 싶다. 냄새, 기운, 공기, 느낌 같은 비물질적인 것들. 만약 이 책에서 술냄새가 난다면…… 그것은 당신의 마음에서 나는 냄새다. 10월의 냄새다.

10

월

1

일

시

예언

올 4월에 지구를 지나는 폰스-브룩스 혜성의 주기는 71년이라고 한다. 이번 관측을 놓치면 71년을 더 기다려야만 같은 별을 다시 볼 수 있다는 것이다. 71년 후의 폰스-브룩스 혜성은 올해의 폰스-브룩스 혜성과는 조금 달라져 있겠지만. 71년 후에도 내가 존재할까? 그렇지 않다. 이번 혜성을 못 본다면 아쉬울 예정인가? 조금도 그렇지 않다. 예전이라면 크게 아쉬워했을지도 모른다.

올 4월의 나는 연초에 혜성 소식을 들은 걸 기억한다. 다이어리의 '4월' 글자 밑에 작은 글씨로 '혜성'이라고 메모도 해두었고, 4월이 시작되자 나뿐만 아니라 혜성 출몰 소식에 들뜬 세계의 언론인들이 부지런히 혜성의 소식을 전해 준다. 나는 그런 뉴스를 보면서 혜성이 오는 날짜를 하루 하루 세어보기도 하지만, 아뿔싸, 하필 그날 술을 너무 많이 마셔서 잠드는 바람에 그 밤은 그저 그런 밤으로 끝나버린다.

그러나 나는 일말의 아쉬움도 없이, 평범한 숙취의 고통을 느끼며 태양 아래 깨어난다. 핸드폰을 켜서 지난밤 지구를 지나간 혜성을 가장 멋진 모습으로 촬영한 사진을 찾아본다. 생각보다 그렇게 굉장하진 않군. 하지만 내가 별을 좋아하는 소년이었다면 멋진 밤을 보냈을 만도 한 모습이군. 이 밤은 보름이 아니었고, 날씨도 청명했고, 미세먼지가 심하지도 않았군. 정말 다행이군.

예측 가능한 사건을 놓치는 건 아쉽지 않다. 내가 무엇을 놓쳤는지라도 확실히 알 수 있기 때문이다. 어떤 일이 분명히 일어나리라고 예측되고, 실제로 그 사건이 발생하고, 그 양상도 예측에서 크게 벗어나지 않는 범위 안에 있었음을 확인하면 된다.

몰라서 못 본 미욱한 빛이 내 안에도 참 많았는데. 지금은 붙잡고 싶어도 다 떠나고 없다. 언제 다시 온다는 기약도 없고 죽었는지 살았는지도 모르겠다. 시커먼 어둠 속에 손을 욱여넣으면 축축하고 물렁거리는 것만 잡힐 뿐이다. 나는 이것을 가지고 평생 살아야 한다.

정말 몰랐다고 할 수는 없다. 새까맣게 몰랐다면 그것들이 있다가 없이 된 건 어찌 알았을까.

저기 봐라. 먼 하늘에 내 얼굴 하나 날아간다.

10
월
2
일

에세이

미술가 마르셀 뒤샹Marcel Duchamp의 기일이다.

파리의 공기 50cc

〈파리의 공기 50cc〉는 내가 뒤샹에 대해 생각할 때 가장 먼저 떠올리는 작품이다. 정확히는 〈파리의 공기 50cc〉를 근접 촬영한 흑백사진을 복제한 슬라이드 필름이 환등기를 통해 흰 스크린에 영사되는 이미지겠다. 암적색 벨벳 암막 커튼을 친 한낮의 미술원 강의실은 어둡고, 몇 안 되는 수강생들은 띄엄띄엄 앉아 있다. 교수님이 설명하는 내용을 되도록 그대로 받아적는다. 교수님이 필기시험의 가장 좋은 답안지는 "내가 말한 내용을 앵무새처럼 받아적은 것"이라고 말씀했기 때문에, 슬라이드 도판이 철컥철컥 넘어갈 때마다 볼펜으로 종이 긁는 소리가 분주하다. 슬라이드 한 장이 넘어갈 때마다 이미지는 보는 둥 마는 둥 일단 노트에 교수님의 강의를 말 그대로 '받아'적는다. 수업 시작 20분도 안됐지만, 자랑스럽게도 손목과 어깨와 목이 뻣뻣하다. 고

개를 들어 눈앞의 풍경을 본다. 영화를 처음 보는 관객처럼, 어둠 속에 붙박여 저 빛나는 이미지의 공습을 눈 안으로 받아들인다.

그 사진은 흑백이고, 낡아서 누렇고. 정말? 누랬던가? 차가운 명암의 회색조였는지도 모른다. 그것은 생소하게 생긴 유리병 사진이다. 뒤샹이 파리의 약국에서 사서 봉해 온 작은 유리병이다. 끄트머리는 고리 모양으로 되어 있어서, 어딘가에 병을 걸어놓고 촬영한 것 같기도 하다. 뒤샹은 너무나 부자인 컬렉터 친구 부부에게 이것을 재미로 선물했다.

수업 시간에 슬라이드를 보면서 뭔가 갖고 싶다고 생각한 건 아마 이것이 처음이었던 것 같다. 이 작품이 무척 '시적'이라고 생각했다. 낭만, 서정, 이런 것을 시적인 것이라 믿은 듯하다. 하지만 그게 전부는 아니다. 진지한 학생이었다면 〈큰 유리 The Bride Stripped Bare by Her Bachelors, Even; The Large Glass〉나 〈에탕 도네 Étant donnés〉 같은 작품에 관심을 기울였을 텐데, 내가 뒤샹의 작품 중에서 가장 좋아했던 것은 이 유리병과 음란하고 귀여운 두 개의 소품인 레진 조각 〈여성의 무화과 잎Female Fig Leaf〉〈초콜릿 그라인더 2번 Chocolate Grinder No. 2〉드로잉 정도다. 묘하게 경제적인 기준이 환상의 영역에마저 적용되었는지도 모른다. 그것들이 일찍이 이른바 나의 취향이란 걸 결정지어버려서, 내가 작고 작은 일만 좋아하는 사소한 인간이 되어버렸는지도 모른다.

교수님과의 일화. 하필 내가 과 사무실에서 아르바이트(명칭은 '조교보')를 하고 있던 때 교수님은 이 슬라이드 필름들을 스캔해서 디지털화하기로 마음먹었고, 그 업무는 내 담당이 되었다. 여름방학이었다. 슬라이드 스캔부터 시작해 하나도 쉬운 게 없었는데. 가을 학기가 시작하고 곧 교수님이 노발대발하셨다는 이야기를 들었다. 추상 평면 작품 대다수를 아래위 구분 없이 저장해두었더라는 것이다. 흠, 추상표현주의의 올오버 정신이 구현되는 현장이 아니었을지…… 아니었고, 듣기론 교수님이 파일을 열어보고선 머리끝까지 화가 펄펄 나서 주변에 호통을 치셨다지만, 내게 별말씀은 없으셨다.

교수님은 은퇴 후 한가로이 외유를 다니며 좋아하는 음악 공연을 실컷 다니고 있다고, 몇 년 전 누군가에게 전해 들었다. 그후 교수님이 돌아가셨다는 이야기는 아무도 내게 전해주지 않아서 누가 인터넷에 올린 것을 보고야 알았다. 어떻게든 주소를 알아내 시집 보내드리길 미루지 말걸, 후회가 스쳐지나갔지만. 리처드 롱 Richard Long을 좋아하시던 선생님께선 수다스러운 내 시집을 그리 반기지 않으셨으리라. 늘 원하시던 대로 조용히, 방해받지 않는 마지막이셨길. 사실은 교수님을 정말 좋아했지만. 확실히 쉬운 분이 아니셨다.

50cc는 생각보다 꽤 많은 양이며—100년 이상 공기의 입자들이 가만가만 가라앉아 있었을 그 조그만 유리 앰풀—입구를 똑 부러뜨리면 속의 것이 나오게 되어 있는 유리병—속의 아주 작은:

파리! (프랑스.)

이십대 초반까지 내 꿈은 파리에 가는 것이었다. 나아가

거기 가서 사는 것이었는데. 지금은 다른 일이 너무 많고 바빠서 오랫동안 잊고 있었다고 생각했지만, 지금도 여전히 루브르에 가서 푸생Nicholas Poussin의 숲을 보고 파리에 사는 내 친구를 만나고 싶다. 걔에게 내가 가져온 한국산 질소 포장 과자를 여러 개 먹이고 싶다. 그건 아마 서울은 아니고 경기도나 다른 지방의 질소일 거야, 그렇겠지? 그러나 사는 동안 원하는 모든 곳에 가지는 못하는 것이 인생이다.

10
월
3
일

에세이

시인 허수경의 기일이다.

내 영혼은 오래되었으나*

 시집을 읽지는 않았지만 「폐병쟁이 내 사내」라는 충격적인 제목만큼은 먼저 알았던 십대 시절. 현대시도 생소했으며 허수경 시인에 대해 알려진 정보도 많지 않던 그 무렵, 그는 몇 가지 이유로 내게 특별한 작가였다.

 시인은 내가 사는 경남 진주에서 태어나 이십대까지 이곳에서 살았다고 했다. 몇 줄 안 되는 그의 약력은 미스터리 투성이였다.

 1) 진주를 어떻게 탈출했는가?
 2) 서울에는 어떻게 갔는가?

---
* 허수경 시인의 시집(문학동네, 2022) 제목에서 인용.

3) 시인이나 라디오 작가는 어떻게 되는 건가?
4) 한국을 떠날 작정은 언제 한 것일까?
5) 독일 유학은 어떻게 가는 것인가?

당시 나는 전화라도 걸어 물어보고 싶을 정도로 절박한 심정이었다. 동시에 결국 이 도시를 벗어나 아주 멀리까지 간 여자가 적어도 한 명은 있다는 사실에 작은 희열을 느꼈다. 시인을 만나기 전에 나는 진주를 벗어나기만 하면 어디에 살건 상관없다고 생각했다. 그곳에서 아무 관심 없는 일로 먹고살아도 좋을 것이었다. 침해받지 않는 내 것, 내 공간이 있다면.

그런데 시인을 만난 후(정확히는 시집의 약력을 읽은 뒤)에는 달라졌다. 진주를 벗어나서 남부 소도시 어디가 아니라 아예 서울로 가버리는 것도 방법이다, 가서 글쓰기와 관련된 일을 하게 된다면 좋겠다, 외국에서 살 수 있다면 더욱 좋겠구나, 외국에서 살다가 아주 외국인이 되어버린다면 진짜 바랄 게 없겠다, 하는 식으로 상상의 폭이 점차 확장된 것이다. 촌에서 나고 자란 빈털터리 젊은 여자 혼자 진주에서 독일까지 갈 수 있다니. 그의 시에 새겨진 짙은 향수와 우울 같은 것은 간단히 무시해버렸다. 일단 서울에 가기로 했다.

시인처럼 홀로 고고한 학처럼 떠나진 못했고 부모님 도움을 받아 비굴하게 가는 서울 유학이었다. 그렇게 스무 살에 서울에 올라와선 지금까지 정착해 살고 있다. 독일 사람이 되진 못했다. 한때는 딱딱한 빵을 굽는 독일 남자와 결혼해 커다란 나무가 있는 집에서 살고 싶다고 떠들고 다닌 적도 있었지만(이 소망은 스파게티 잘 삶는 이탈리아 남자와 남부 이태리 숲속에 오두막 짓고 살 거라는 식으로 계속 변주됨).

어쨌든 진주를 떠나긴 떠났다.
진주가 싫었던 건 아니다.

누군가의 외양에 대해 말하는 것이 대단히 무례한 일인 줄 알지만, 내가 생전 일면식도 없던 시인을 특별히 가까운 관계처럼 여기는 이유를 솔직히 털어놓겠다.

시인의 사진을 보고 깜짝 놀랐던 기억. 시인의 모습이 유년 시절 내 주위를 둘러싸고 있던 친인척 여성들과 무척 닮았던 것이다. 자그마한 체구, 쌍꺼풀 없이 살짝 처진 눈, 옅은 눈썹, 걱정 많고 수줍은 이마와 메추리알 같은 두 볼. 생각을 읽을 수 없는 눈빛까지. 영락없었다. 내가 분명 아는 얼굴. 길에서 마주쳤다면 한번은 반드시 돌아다보았을 모습. 버스 옆자리에 앉았다면 실례를 무릅쓰고 어디서 오셨느냐고 묻게 될 사람.

시인이 독일에 가 고고학을 공부하게 된 것은 외람되지만 당연한 수순이었으리라. 축축하게 스미는 애달픔에 대해. 그토록 아무것도 아니라서 가엾은 존재와 세월의 덧없음에 대해 전문가인 시인. 왜 젊은 시인이 이토록 조로해버렸는가 하는 (나 역시 어디선가 들어본) 물음에는, 그곳의 지리적인 특성 때문이라 얼버무려볼까. 남강 물 때문이라 말해볼까. 설명할 수가 없지만. 그렇게 태생한 영혼을 갖고 지상에서 할 수 있는 일이란 한정적이었을 것이다.

2023년에 나온 시인의 시선집에 좋아하는 시를 소개할

기회가 있었다. 두 편 중 한 편으로 나는 「눈동자」를 골랐다.

　죽은 이들 봄 무렵이면 돌아와 혼자 들판을 걷다 새로 돋은 작은 풀의 몸을 만지면서 죽은 이들의 눈동자 자꾸자꾸 풀의 푸른 피부 속으로 들어가다 마치 숲이 커다란 눈동자 하나가 되어 그 눈동자 커다란 검은 호수가 되어 검은 호수가 작은 풀끝이 되어 나를 자꾸 바라보고 있는데 내버려두었다네, 죽은 이들이 자꾸 나를 바라보는데, 그것도 나의 생애였는데

　그 숲에는 작은 나무 집이 하나 있었다 집 앞 닫혀진 문 앞까지 걸어갔다 집 안은 아직 겨울이었고 결혼 대신 시를 신랑 삼았던 여성 시인이 있었다 시인의 저녁 식사에 올려진 양의 눈동자, 이방의 종교처럼 접시에 올려진 양의 눈동자, 여성 시인을 신부 삼은 시는 물끄러미 바라보다 시를 쓴다, 애인아, 이 저녁에 나는 당신의 눈동자를 차마 먹지 못해 눈동자를, 적노라, 라고*

---

*『빌어먹을, 차가운 심장』, 문학동네, 2011.

이 시를 고른 나의 변명은 이러하였다.

  이 시에서 화자가 세계와 접촉하는 방법은 주로 '(눈동자로)보기'다. 가장 격렬한 접촉이 기껏해야 풀을 살살 쓰다듬어보는 정도. 풀잎에서도 무한을 감지하는 시인이기에 양의 눈동자에서도 약하고 여린 존재들의 고된 역사를 읽어낸다. 그러니 접시 위 양의 눈은 자신의 눈, 애인의 눈, 시의 눈이자 세계의 눈이다. 양의 몸에서 눈알을 뽑아낸 문명의 잔혹한 흔적이다. 그 앞에 얼어붙은 시인의 손을 시가 잡고 움직여 종이에 쓴다. 시인이 떨리는 목소리로 애인아, 부를 때면 세상의 온갖 약한 존재들이 한꺼번에 뒤돌아볼 것만 같다. 그 쓸쓸하지만 고고한 음성은 언제까지나 허수경의 것이다.*

---

* 『빛 속에서 이룰 수 없는 일은 얼마나 많았던가』, 문학과지성사, 2023.

10
월
4
일

시

그 빛

그가 색맹 진단을 받은 것은 열네 살이 되던 해 봄의 일이다.

"적색."

그는 진단 앞에서 다시금 눈을 비비고 세상을 둘러보았지만 주변은 그대로였다. 여전히 어떤 사람은 추했고 어떤 사람은 아름다웠다. 손톱과 손과 손바닥과 피부 아래 정맥의 색도 이전과 같았으며 강한 빛을 보면 눈이 아렸다. 타인이 애호하는 색과 그가 애호하는 색이 일치할 때도, 아닐 때도 있었다. 모든 일이 너무나 천연덕스레 느껴졌기에 그는 사람이 거짓말을 하는 일에 대해서도 나쁘지 않게 여기기로 했다.

그는 수려한 용모와 다정스런 말투를 가진 청년으로 자라났다. 그는 다양한 사람들로부터 많은 사랑을 받았다.

"사랑해."

그는 아주 사소하고 사악한 거짓말로 아무도 모르게 누군가를 집요하고 고통스럽게 괴롭힐 수 있었다. 어쩌면 그것 때문에 죽은 사람이 있었을지도 모르는데 그는 전혀 신경쓰지 않는다. 그러니 사실상 그들의 고통에 대해서는 누구도 신경쓰지 않는 것이다.

그는 멈추지 않는다. 멈출 수가 없다.

그의 본성이 이토록 악하다는 사실은 오직 신만이 이해하시리라. 이 악취 나는 영혼은 지옥에서 영원히 불타리라.

"기쁨."

그에게 기쁨을 주고 싶지 않다.

그래서 더 사랑한다.
미칠 듯 사랑한다.

10
월
5
일

에세이

추사 김정희에 의하면 가장 좋은 음식은 두부, 오이, 생강, 나물이다.

빌고 싶은 마음

 강릉에 갔다가 무척 크고 아름다운 나무를 봤다. 나무는 거의 죽어가는 듯이 검게 보였다. 나무 곁에 작은 사당이 있고, 나무 허리에 금줄이 매여 있었다. 땅 위로 드러난 뿌리와 뿌리 사이엔 막걸리 병이나 타고 남은 촛불 같은 것이 얹혀 있었다. 이곳 사람들은 아직 이 나무에게 소원을 비는구나. 나무가 오래오래, 인간과 인간의 소원보다 더 오래 살길 기원하며 눈 감고 손도 모았다. 가족들의 건강과 재물복도 당연히 빌었다. 오랜만에 만난 영험해 보이는 나무였다.

 왜 그런 나무를 만나면 기도하게 될까? 왜 어떤 걸 보면 신성하다고, 영검하다고 느낄까? 오래된 마을의 당산나무. 절 뒷산 숲에 숨겨진 듯 작고 신비로운 산신각. 그 앞을 지날 때면 괜히 숨 한번 들이쉬게 되는 신당의 깃발 걸린 장대. 큰 불상과 더 큰 불상과 엄청나게 거대한 불상. 바람 씽씽 부는 바닷가의 돌탑. 나이 많은 큰 바위. 길가의 손때 묻은 석상과 눈물을 흘린다는 성모마리아상. 웅장한 사원들. 나열하자면 끝이 없겠다. (재밌어서 조금 길게 쓰게 된다.) 한번 길 잃으면 빠져나올 수도 없다는 미국의 옐로스톤국립공원 같은 곳은 어떨까? 기독교인들이 그런 지형을 신의 증거로 믿기도 한다는 이야길 들은 적 있다. 거대한 것? 인간의 손이 미치지 않는? 그래서 천문학자들 중에 종교인이 많다던가. 사실 동해바다 백사장에 서 있기만 해도.

무언가를 보고 매료되는 상태와 빌고 싶은, 기도를 올리고 싶어지는 상태는 조금 다른 것 같다. 정령이 깃든 것이라 여겨진다면 작고 하찮은 일상의 사물에게도 사람들은 무언가 빌곤 하니까. 빌고 싶은 마음이 들려면 대상이 그저 크고 무섭기만 해선 안 된다. 고작 인간인 나 정도야 폭 안겨 엉엉 울더라도 내 마음을 순식간에 헤아려줄 것 같은 아량, 사바세계의 법칙쯤은 훌쩍 뛰어넘는 신통력, 좋은 일엔 상을 주고 나쁜 일엔 벌을 내릴 수 있는 분별력, 기도를 올릴 신격이라면 최소한 이 정도는 갖추었으면 좋겠다.

하지만 막상 실제로 그런 대상을 만나거나, 그러한 장소에 가서 기도할 여건이 되면 이 신령이 어떤 신령인지 파악할 겨를도 없이 거의 습관적으로 기도하는 것 같다. 나만 그런가? 그럴지도 모르겠다. 목사님 아들인 내 친구는 혼자 절에도 못 간다던데…… 하지만 가톨릭 신자들은 무슨 일이 있으면 아무데서나 성호를 긋던데……

역시 할머니 때문일지도. 할머니의 비나리(엄청나게 많은 신과 조상들이 등장함)를 들으면 마음이 편안해지곤 했다. 그 곁에 무릎 꿇고 앉아 손바닥을 비비며 시늉하기도 하고. 아침에 일어나면 은비녀를 꽂고, 오른무릎 세우고 앉아 곰방대(나중엔 솔 담배)를 뻐끔거리며 낡은 군용 담요 위에 화투장을 놓고 매일을 점치는, 대가족 어른의 안정된 노년. 문득 그 삶의 모습이 나의 유년에 미친 영향이 엄청나게 크단 걸 느낀다. 거의 70세 차이가 나는 두 여자가 손잡고 비슷한 속도로 아침 산책을 다니던 길(그 사라진 줄 알았던 길을 최근에 구글맵으로 찾았다). 그 길은 작은 암자로 이어졌다.

무속 신앙을 편안하게 느끼기는 하지만 죽음 이후의 세

계를 상상하진 않는 것 같다. 전생이나 환생에 대해서도 큰 관심이 없다. 나에게 무속은 유년의 추억이거나 심리적 안정제일 뿐인가? 하지만 나도 뭘 딱딱 맞히는 무당을 만나면 신기하고 두려워도 한다. 무속에서 터부시되는 일은 하고 나면 마음이 찝찝해서 웬만하면 안 하려고 한다. 기도를 할 때 너무 내 이야기만 하면 가족이나 친구들에게 미안해져서, 그들에 대한 축원을 한마디씩 돌아가며 빌어야지만 마무리가 된다.

*

우리 엄마가 제일 좋아하시는 내 시는 「부드러운 마음」이다.

어데 그리 바삐 가십니까, 동자여. 바지가 다 젖고 신도 추졌소. 뜀뛴다고 나무라는 게 아니라 급한 일이 무엇이오.

이보, 여보, 나무아미타불, 관세음보살, 나 지금 아랫마을 개가 땅을 판다기에 바삐 가오. 개가 주인도 안 보고 밥도 아니 먹고. 빼빼 말라 거죽밖에 남지 않은 암캐가 땅만 판다 하오.

(……)

그 개 다 틀렸다, 개가 땅을 파면 죽는다.

동자가 쌩하게 뛰어 개 키우는 집에 가보니 개는 벌써 구덩이에 죽어 늘어져 있었다. 개에게 물 뿌리려는 동자를 주인이 잡아 옷을 싹 벗겨 빨아 새 옷으로 갈아입히고 개 무덤에 흙을 뿌리게 하였더니 동자가 엉엉 울다가 개 무덤에 대고 아이고 개야, 개야, 너 전생에 사람이었는데 외로이 죽고 개로 태어났다가 또 혼자 죽으니 두 번 다시 태어나지 말라, 태어나지 말라 수차례 외쳐 일렀다.

동자의 말을 들은 사람들이 모두 웃었다.

이런 시를 쓰고 있으니 사람들이 자꾸 종교가 있느냐, 귀신을 믿느냐고 묻는 게 당연하다(물론 나는 그런 질문을 좋아한다). 하지만 엄마는 동자승이 너무 귀엽다고만 하셨다. 오히려 독자 대부분이 긍정적으로 평가했던 시의 다른 요소들은 좀 심드렁하게 여기시는 듯했다. 우리가 같은 문화의 뿌리를 공유하기 때문일 것이다. 이 시는 내가 어려서 어른들에게 들은 '개가 땅을 파면 죽는다'는 속설에서 시작했다. 동자 스님, 땡중, 정이 많고도 매몰찬 마을 사람들과 개 주인은 당연히 모두 내가 실제로 겪거나 본 사람들이다.

 귀신 이야기를 즐기고 주변의 경험담을 많이 듣기도 했지만 나는 한 번도 본 적이 없다. 내가 다닌 대학교는 귀신이 많다고 소문난 곳이었는데, 밤새 학교에 혼자 있어보면 사람이 무섭지 정작 귀신 걱정은…… 아니다, 밤에는 귀신이 자주 나온다는 곳에 아예 가질 않았던 것 같다. 겁이 많은 편이라……

*

 혼자 점집에 갔다가 마음이 크게 풀린 경험이 있다. 2020년 봄이었다. 신변에 사건도 사고도 많아 말 그대로 우환을 안고 살던 때, 취미로 점집 다니던 친구의 소개로 한 무당을 찾아갔다. 누구라도 붙잡고 빌고 또 빌어서 뭐가 되기만 한다면 어디에라도 빌고 싶은 심정이었다.

　서울 마포구 서교동의 평범한 주택 2층이었는데, 방문을 열고 들어가니 역시 평범해 보이는 아주머니가 작은 상을 놓고 앉아 있었다. 낯선 환경(이라고는 해도 남의 집 거실 같은 느낌)에서 대기하는 동안 좀 긴장한 상태였는데, 방문을 열자 끼쳐오는 강한 향냄새를 맡자마자 불안하던 가슴이 푹 가라앉았다. 좁은 방안은 크고 작은 신상과 그림, 꽃과 촛불, 각종 제의 용품과 장식으로 사면 벽과 천장까지 빼곡했다. 나는 한동안 방을 둘러보느라 앉지를 못했다. 무당이 모시는 신령은 장군 할아버지라고 했다. 방울을 흔들었던가? 부채를 펼쳤던가? 하여튼 할아버지는 경상도분이셨고 내가 시를 쓴다 하니 호의를 보이셨다. 이걸 해서 먹고나 살까요? 했더니 아주머니(할아버지)는 아주 좋다, 아주 좋다고 하셨다. 다만 내가 쓰는 글은 할아버지 보시기에 너무 어려우니 좀 쉬운 것, 예를 들면 트로트, 뽕짝 가사 같은 걸 쓰면 더 좋겠다고 하셨다. 하여튼 까다로운 독자들이란……

나는 장군 할아버지의 말에 마음을 맡기고 편안히 믿기로 했다. 의지로가 아니라 그곳에서는 자연히 그렇게 되는 것이었다. 점집을 나설 때는 정말 한결 가벼운 마음으로 경쾌하게 돌아온 기억이 난다.

그 여름에 별스러운 꿈들을 꾸었다. 한번은 장총을 여러 정 선물받는 꿈이었다. 며칠 뒤에는 꽃을 너무 많이 받는 바람에 꽃병이 모자라 허둥대는 꿈을 꾸었다. 그 얼마 뒤 원고 당선 연락을 받았다.

이 모든 건 인과라고 치자면 인과가 되고, 전혀 상관없는 우연이라면 그 시기에 일어난 수많은 사건들 중 몇몇의 나열일 뿐이겠다.

10월 6일

낭독용 시

제의용 포도주는 아무 데서나 임의로 구입해서 쓰는 게 아니라 정해진 것이 있다는 모양이다.

성물

나는 가톨릭 미사의 성체가 아무 맛도 나지 않는 희고 얇은 밀반죽의 조각이라는 것을 알고 너무나 놀랐지만 미사를 집전하는 신부가 멋진 성배에 담긴 포도주를 마시며 '이것은 예수의 피요'라고 말할 때 감동을 느꼈다. 이런 종류의 감동들은 불교미술품이나 무속 신앙의 무구들을 보면서도 비슷하게 느끼게 된다. 초월하고자 하는 감각들, 믿음을 위한 도구들. 나는 이에 관련된 사물들 또한 모은다. 사찰 근처에선 기념품점에, 기독교회관에선 성물가게에 간다. 가끔 목걸이에 예수 펜던트를 달아 친구에게 선물하기도 하고, 내가 필요할 때 지니고 다니기도 하고, 지금 내 책상 위에는 태국에서 사 온 얼굴을 가린 불교 수도승 목재 조각과 성녀, 성자의 초상이나 성화와 날짜를 함께 넘겨 사용할 수 있는 만년 달력이 있다. 뒤러의 기도하는 손을 본따 금칠을

한 묵직한 조각도 갖고 있고. 그것은 내가 가진 선인장 사이에 진열해두었는데, 고양이 손님이 집에 오래 묵게 되어 장 깊이 넣었고 고양이 손님이 집에 돌아간 뒤에도 아직 꺼내지 않아 보이지 않는 상태다. 나는 성물과, 그것들 없이 결코 집전될 수 없는 예식과, 예식에서 성물이 사용되고 재배치되고 이용되는 모습을 보기를 좋아하며 언제나 실제로 내가 그렇게 해보고 싶다는 생각을 남몰래 갖고 있음을 부정할 수 없다. "이것은 예수의 피요." 나는 어떤 신부가 지나치게 싸구려인 포도주를 사용하는 게 아닌가 가재미눈을 뜨고 본 적이 있다.

10

월

7

일

에세이

서울시 마포구 월드컵로19길 74, 어쩌다 가게 205호.

바텐더

내가 자랑스럽게 생각하는 아르바이트 경력 중 하나가 위스키 바에서 일한 것이다. 바처럼 이상적인 공간(나한테나 그런가)을 홀로 책임진다는 비현실적인 느낌이 좋았다. 손님이 없을 때 음악을 크게 틀고 유리잔을 닦는 시간도 좋았고, 기물을 깔끔하게 정리하거나 재료 밑 손질을 하는 일도 좋아했다. 손님이 너무 없는 날은 내가 사장인 것처럼 매상을 걱정하고 손님이 많은 날엔 문을 닫으며 뿌듯했다. 좋은 점만 있는 건 아니다. 술친구들이 몰려와서 적당히만 술을 마시고는 우리의 단골집으로 먼저 가버리거나 만취해서 일찍 떠나고 나면 조금 쓸쓸한 마음으로 모르는 손님들을 상대했다. 가게가 끝나면 다른 술집들도 영업이 끝나 있어 친구들은 모두 집에 가버린 뒤. 혼자 마실 곳도 여의치 않았다. 유일하게 가까운 역전 양꼬칫집이 네시까지라, 가끔 거기 가서 칭다오 맥주와 경장육슬을 먹었다.

  내 친구 이안리도 그즈음에 나와 같이 보릿고개를 넘는 중이었다. 내가 일하는 날, 손님이 없을 때면 그동안 그린 드로잉들을 잔뜩 갖고 와 긴 테이블에 죽 펼쳐놓고 이런저런 얘기를 나눴다. 가끔 내가 글을 보여줄 때도 있었다. 그런 날이면 안리가 영업이 끝날 때까지 죽치고 앉아 있어주었다가 같이 양꼬칫집에 가서 돌아가며 서로에게 술을 샀다. 경장육슬은 정말 영양 만점에 맛도 아름다운 음식 아니던가. 납작한 건두부에, 중식 된장으로 볶은 돼지고기와 채 썬 오이, 당근, 대파, 마지막으로 고수 잎을 잔뜩 얹어 돌돌 말아 입에 넣고 우적우적 씹는다. 볼이 터질 것 같은 얼굴을 마주보며 서로 돈을 벌면 나중엔 더 맛있는 걸 사주겠노라며 웃던 날들…… 꽤 짠한 장면이지만, 이 녀석들 꽤 좋은 음식을 먹었군…… 생각해보면 그보다 맛있는 음식이 세상에 그리 많은 것 같지도 않고. 아, 지금(밤 열시 이십오분)도 칭다오 맥주를 픽! 따서 각자 잔에 졸졸 따라주고, 갸름한 계란 모양의 경장육슬 접시를 보며 오이를 넣을까 당근을 넣을까 고민하고 싶다. 이맘때 새벽이면 2층의 양꼬치가

게는 창문을 활짝 열고 에어컨을 끈다. 그럼 가을의 시작처럼 서늘하고 아직 촉촉한 바람이 솔솔 불어 실내로 들어온다. 새벽엔 손님도 별로 없으니 웬만하면 창가 테이블을 차지할 수 있었다. 붉어진 얼굴을 바람에 식혀가며 맥주잔을 거푸 비웠다.

사실 바텐더 일은 나의 쪼들리는 사정을 잘 알았던 바 사장(이자 동네 친구인 최주연씨)이 나를 배려해 만들어준 자리였다. 정규 영업을 하지 않는 일요일에 굳이 가게를 열어 근처에 사는 나를 고용한 것이다(친구 황영주씨에게도 같은 이유로 감사하다). 손님이 좀 있으면 나도 안심이 되었지만 공치는 날이면 영 미안했다. 친구들이 오면 고마웠다. 하지만 술을 너무—좋아하는—친구들이 서넛 와서 각자 다른 (만들기 어려운) 칵테일을 하나씩 시키고 그마저도 참 빨리 비워서 칵테일 제조 릴레이를 해야 하는 날엔 힘들어서 막 째려보고 집에 가라고도 했다. 싫지만은 않았지만…… 박의령씨에게 전하고 싶은 말이 있다. 웬만하면 바쁜 알바생에게 사워 칵테일은 시키지 말아주세요. 임유청이랑 유연주, 아무리 하이볼이 간단하다고 해도 그렇게 빨리 마셔버리면 곤란하다고. 박예하와 배기준씨, 오늘도 저녁은 바에서 먹는구나…… 난 괜찮아…… 제일 좋은 손님은 생이든 병이든 맥주만 주면 불평불만 없는 이윤희씨와 문정원씨였음을 이제야 고백한다. 물론 이러나저러나 여러분은 내가 사랑하는 친구들입니다. 책에 이름을 써도 된다고 허락해줘 고맙다. 내 이름 달아두고 위스키 한 잔씩 드세요. 천천히 드세요.

결혼하고 파주로 이사 갈 때 주연씨가 좋은 위스키 한 병을 선물해줬다. 파주 첫 겨울에 K와 미친 투견들처럼 싸운 날, 그 한 병을 혼자 마시고 실내 계단에서 뒤통수로 떨어져 죽을 뻔했다(고 하는데 기억나지 않는다). 하여간 덕분에 빨리 화해해서 지금까지 잘(?)산다. 말 그대로 죽을 뻔했는데도 여전히 금주와 금주 해제를 반복하며 미련하게 살고 있다. 웃으며 쓰고 있지만 나의 가장 약한 점이라 내가 찌르고 내가 아프다.

어찌저찌 서울로 돌아와서 시인으로 데뷔도 했다. 몇 년 뒤 첫 시집 원고를 출판사 편집부에 넘기고 기분이 좋아 위스키를 한 병 사 먹었는데 사람이 별로 없어서 남긴 걸 가게에 맡겼다. 다음에 가보니 강시 이마에 붙은 부적처럼 "탈고에는 탈리스커"라고 쓴 종이가 내 이름이 적힌 위스키 병 위에 너풀너풀 날리고 있었다. 문정원씨가 쓴 그 부적은 떼어 와 파일에 소중히 간직하고 있다. 탈고에는 탈리스커…… 옳다, 옳아……

*

좋은 추억이 많았지만 결국 일을 그만두게 된 건 바에서 공황발작을 경험한 직후다. 내가 가장 좋아하는, 친밀한 공간에서 무슨 일이 일어날 거라곤 생각도 하지 못했다. 몇 년이 지난 지금은 발작이 그리 무섭지 않고 무섭지 않다는 건 많이 나아졌다는 뜻이다. 그러니 다시 바로 돌아가고 싶다. 사랑하는 친구들의 행복한 얼굴을 보고 싶다. 친구들이 돌아가면 테이블을 훔치며 쓸쓸하고 싶다. 하지만 몇 년 새 다들 뿔뿔이 흩어지고 건강이 나빠지거나 해서, 아무때나 같은 장소에 가기만 하면 볼 수 있던 얼굴들도 이제는 보기 힘들어졌다. 쓸쓸하네. 쉽게 쓸쓸해지는 가을에는 맥주만 마시면 마음이 삭막하니까 뭐라도 안주 삼아 함께 먹으면 좋겠다. 감사합니다. 어서 오세요.

10
월
8
일

연작시

우울한 여자

 우울한 여자가 있다. 식탁 의자에 앉은 여자가 있다. 회색 양말 신은 여자가 있다. 흐늘거리는 바지에 닳아빠진 티셔츠를 입은 여자가 있다. 오른다리를 왼다리 위로 꼰 우울한 여자가 있다. 처형당한 러시아인의 시를 읽는 여자가 있다. 커피를 마시는 여자가 있다. 우울한 여자가 있다. 부모가 있는 우울한 여자가 있다. 남편과 아들과 딸과 개를 가진 여자가 있다. 한마디로 가정을 가진 여자가 있다. 금목걸이를 한 여자가 있다. 손톱을 젤 네일로 꾸민 여자가 있다. 발뒤꿈치가 건조한 여자가 있다. 흰머리 없는 여자가 있다. 개가 사람의 발냄새에 환장하는 걸 이상하게 여기는 여자가 있다. 살금살금 신발을 물어가려는 개를 바라보는 여자가 있다. 벌떡 일어나 신발 깨무는 개를 놀라게 하고 깔깔 웃는 우울한 여자가 있다. 냉장고에 머리를 기대는 여자가 있다.

냉장고 소리를 듣는 여자가 있다. 어제 마른 나물 불려두지 않고 잔 일을 후회하는 여자가 있다. 이쯤에서 막걸리 한잔을 도무지 참을 수 없는 여자가 있다. 오후 두시 반에 냉장고 문을 여는 우울한 여자가 있다. 막걸리 병을 천천히 흔드는 여자가 있다. 처형당한 러시아인의 시를 미처 다 읽지 못하고 밥공기에 막걸리를 따르는 여자가 있다. 막걸리를 꿀꺽꿀꺽 삼키는 여자가 있다. 신김치를 꺼낼까 생각만 하다가 의자에 붙박인 여자가 있다. 훤한 대낮에 처형당하는 우울한 여자가 있다.

10
월
9
일

연작시

슬픈 여자

 슬픈 여자가 있다. 침대에 누운 여자가 있다. 잠옷을 입은 여자가 있다. 다리를 쭉 뻗고 누운 여자가 있다. 처형당한 러시아인의 시를 떠올리는 여자가 있다. 입맛을 다시는 여자가 있다. 슬픈 여자가 있다. 부모가 있는 슬픈 여자가 있다. 딸과 개를 둔 여자가 있다. 한마디로 가정이 있는 여자가 있다. 금반지를 낀 여자가 있다. 손톱을 물어뜯는 여자가 있다. 발뒤꿈치가 벗겨진 여자가 있다. 머리칼이 자꾸 빠지는 여자가 있다. 개가 신발 뜯어놓는 걸 싫어하는 여자가 있다. 살금살금 신발을 물어가려는 개를 바라보는 여자가 있다. 신발을 깨무는 개를 두고만 보는 여자가 있다. 몸을 뒤척이는 여자가 있다. 바깥 차 소리를 듣는 여자가 있다. 후회하는 여자가 있다. 이쯤에서 도무지 참을 수 없는 여자가 있다. 오후 두시 반에 눈을 감는 슬픈 여자가 있다.

이불을 끌어당기는 여자가 있다. 처형당한 러시아 시인의 흑백사진을 자꾸 떠올리는 여자가 있다. 마른침만 삼키는 여자가 있다. 개밥이 얼마나 남았나 생각만 하다가 침대에 붙박인 여자가 있다. 훤한 대낮에 처형당하는 슬픈 여자가 있다.

10
월
10
일

연작시

행복한 여자

　행복한 여자가 있다. 식탁 의자에 앉은 여자가 있다. 맨발의 여자가 있다. 흐늘거리는 바지에 닳아빠진 티셔츠를 입은 여자가 있다. 오른다리를 왼다리 위로 꼰 행복한 여자가 있다. 처형당한 러시아인의 시를 읽는 여자가 있다. 보이차를 마시는 여자가 있다. 행복한 여자가 있다. 부모가 있는 행복한 여자가 있다. 남편과 개를 가진 여자가 있다. 한마디로 가정이 있는 여자가 있다. 금팔찌를 찬 여자가 있다. 손톱을 젤 네일로 꾸민 여자가 있다. 입술이 건조한 여자가 있다. 흰머리 없는 여자가 있다. 개가 하필 신발에만 환장하는 걸 웃으며 보는 여자가 있다. 살금살금 신발을 물어가려는 개를 바라보는 여자가 있다. 벌떡 일어나 구두를 깨무는 개의 이름을 부르는 행복한 여자가 있다. 냉장고에 머리를 기대는 여자가 있다. 냉장고 소리를 듣는 여자가 있다.

어제 피자 안 남기고 다 먹은 일을 후회하는 여자가 있다. 이쯤에서 빼갈 한잔을 도무지 참을 수 없는 여자가 있다. 오후 두시 반에 냉장고 문을 여는 행복한 여자가 있다. 백주병을 들어 햇살에 비춰보는 여자가 있다. 처형당한 러시아인의 시를 미처 다 읽지 못하고 찻잔에 빼갈을 따르는 여자가 있다. 빼갈을 쭙 빨아들이는 여자가 있다. 과자를 뜯을까 생각만 하다가 의자에 붙박인 여자가 있다. 훤한 대낮에 처형당하는 행복한 여자가 있다.

10
월

11
일

에세이

어떤 이들은 여전히 강에.
―「미래로부터」 중에서

과거로부터

 내가 유년을 보낸 집 근처에 작은 성터가 있었다. 작다고는 해도 성터이니 동네의 다른 공원보다는 넓었고, 가는 길이 가깝지만 험한 편이라 늘 할머니와 함께 갔다. 나는 너무 어렸고 할머니는 너무 늙었기 때문에 우리는 늘 공짜로 공원에 들어갈 수 있었다. 사실 우리가 다니는 쪽문 입구에서는 표 검사도 하지 않았다. 지금은 산책을 별로 좋아하지 않는 것이 그때 이미 너무 많이 해서인지도 모른다. 고수부지로 나서거나, 성으로 나서거나. 매일 걸었다. 미취학 아동이나 노인이나 그다지 할일이 많지 않았겠지.

 성은 도시를 관통해 흐르는 강변의 절벽 위에 지어져 있다. 가파른데 난간도 없는 돌계단을 조심스레 올라가면 꼭대기에 (역시 육중한 돌이라고 기억하지만 어쩌면 시멘트로 만들었을지도 모르는) 좁고 높은 문이 나온다. 문 너머 아담한 절이 있다. 그 절로 가서 스님들과 인사하고 부처님께 절을 올리고 나오는 것이 성터 산책의 시작이다. 성터에는 절도 있고, 누각도 있고, 야트막한 언덕이 많고, 사당, 초소, 박물관과 넓은 잔디밭도 있었다. 산책로에는 손바닥만한 정방형의 돌이 촘촘히 박혀 있어서 발을 디딜 때마다 경쾌한 소리가 난다. 성벽에는 총포를 쏘기 위해 만들어진 작고 네모난 구멍이 있다. 나는 그곳에 얼굴을 대고 강 너머 내가 사는 동네를 내려다보았다. 성벽을 따라 걷다보면 나타나는 붉게 칠한 나무문들. 그것들은 모두 똑같이 생겼지만 어떤 문은 열 수 있고 어떤 문에는 빗장이 걸려 있다. 팻말들. 들어가지 마시오. 출입엄금.

그중 절벽 아래 사당으로 내려갈 수 있는 붉은 문. 사당에는 한복을 입은 젊은 여자의 초상이 모셔져 있다. 가끔, 아직 어두운 새벽에, 사당에서 제를 올리는 무당의 소리가 내가 사는 집까지 울리는 날이 있다. 그런 날이면 이불 속에 누워 징과 북소리를 가만히 듣는다. 저 너머에서 내가 모르는 어떤 상서로운 일들이 일어나고 있겠지. 할머니는 사당에 가면 두 손을 비비며 중얼중얼 이런저런 일들을 기원한다. 나는 그림 속 여자의 얼굴을 들여다본다. 너무 오래 보면 무서워진다. 사당 앞의 강 위로 거대한 바위가 솟아 있다. 저곳에서 떨어져 죽은 여자. 바위는 작은 무대처럼 윗면이 둥글고 평평하다. 누구든 올라가보고 싶게 생긴 바위다. 할머니는 바위 위에 절대 올라가지 못하게 한다. 사람이 많이 죽었다고. 또, 저 바위, 움직인다고. 나는 돌이 물에 떠 있을 수도 있나 생각한다.

산책이 길어져 박물관까지 가는 날도 있다. 박물관 내부에는 오래된 다종다형의 토기들이 신비로운 조명과 유리벽에 둘러싸여 진열되어 있다. 흐릿한 연기 같은 빛의 옥으로 만든 장신구나 화려한 모조 금관, 수수한 막사발과 얼룩덜룩 색이 바랜 한복도 있다. 몸뻬 바지에 얇은 카디건 차림의 할머니가 시원한 모서리에 걸터앉아 눈으로 나를 좇으며 천천히 부채질을 하고 있다. 여름인가보다. 박물관은 현대식 건물인데, 지붕은 검은 기와로 덮여 있다. 그 기와에는 어딘가 숙연한 구석이 있다. 매점에서 팩 주스나 요구르트 따위를 사서 야외 파라솔 아래 앉아 먹는다. 할머니는 주머니에서 솔 담배를 꺼내 반만 피우고 남은 꽁초 끝은 엄지와 검지로 잘 다듬어 도로 담뱃갑에 집어넣는다. 우리는 어두워질 때까지 공원에 머무르는 무모한 짓을 하지 않는다. 종종 다투거나 혼날 때도 있지만 나는 할머니와 손을 잡고 걷는다.

학교에 들어가고 나서는 학교니 학원이니 다니느라 성에 갈 일이 점차 줄어든다. 할머니도 점점 나이가 들어 산책하는 일이 줄어들고 아파트 경비실에서 다른 할머니들과 화투를 치거나 술을 마시거나 한다. 성터는 학교에서 단체로 소풍 가기 참 알맞은 곳이다. 날씨 좋은 봄이나 가을 무렵, 1년에 한두 번씩은 무리에 섞여 소풍 가는 일이 12년 동안 반복된다. 비밀로 사귄 남자친구와 밤에 가는 일도 있다. 산책로를 따라 손을 잡고 걷는다. 우리처럼 후드를 뒤집어쓰고 숨어들어온 사람들이 어둠 속에서 느릿느릿 움직인다. 밤에 성에 숨어든 사람들은 일부러 다른 사람을 피해주며 걷는다. 어느 날 성벽에 주황빛 조명이 설치된다. 우리는 성벽에 불이 켜지는 것을 바라보며 다리 위를 걷는다. 성곽이 마주 보이는 건너편의 강변에서 술을 마신다. 담배도 피운다. 스무 살이 넘어 나는 대학에 가려고 도시를 떠난다. 그리고 그곳으로 다시는 돌아가지 않으리라 다짐한다. 내가 떠나고 몇 년 후에 할머니가 돌아가신다. 나중에 들으니 성안의 박물관에서 내가 보았던 것들은 다른 도시에 생긴 새 박물관으로 옮겨졌다고 한다. 옛 친구들과는 멀어졌다. 부모님도 집을 팔고 도시를 떠났다. 기억나는 사람이 예전만큼 많지 않다. 생생하던 사소한 일들도 이젠 꽤 흐릿해졌다.

기억하고 싶지 않아서 오래오래 지운다. 첫 시집에 실린 시 「미래로부터」는 2020년 봄에 초고를 썼다. 그때도 나는 나로부터 가장 먼 곳에 있는 것들에 대해서만 쓰고 싶었다. 내내 혼자 말하고 혼자 듣던, 저주처럼 염불처럼 줄줄 외는 고백 같은 건 다시 하기 싫다. 그런데 쓰다보면 가족들이 자꾸 시에 나온다. 난 아직 준비가 안 됐는데 자꾸만 튀어나온다. 죽은 사람마저 곧잘 되살아나 나를 망치려고 온다. 고요하고 한적한 성의 풍경. 지우려고 애쓰면 분명 떠오르는 것들. 매일 책상 앞에서 다짐한다. 시에서 가족을 빼자. 집을 빼자. 몸을 빼자. 고통과 슬픔을 빼자. 아직도 피 흘리고 있는 사건들을 빼고 쓰자. 키우던 개와 고양이를 빼자. 유년기를 빼자. 소년기도 빼자. 구체적인 날짜, 지명과, 헛것들도 빼자. 귀신, 유령, 천사, 신, 무당, 모두 빼고, 산 사람과 죽은 사람을 빼고, 그래, 계절과 날씨도 빼자. 전부 다 빼고 쓰자. 물론 잘 되지 않는다. 보다시피. 항상 내가 쓴 글이 읽자마자 사라지는 것이었으면 하고 바란다. 과거의 모든 사실과 기억도 꿈결처럼 바람처럼 가벼이 흩어져 사라지면 좋겠다. 그러나 그것들은 오래전 지어진 성벽처럼 언제나 있다.

(『문학3』 2021년 2월호)

10
월
12
일

시

약령시장

 마른 약재들이 뒤섞인 냄새. 어떤 풀과 나무일까? 중국산일까? 국산일까? 동남아에서 들여온 갈랑갈 생강과 레몬그라스. 요샌 이런 것도 파네. 그런데 티도 안 나네. 전부 섞인 냄새가 나네. 포대에 쌓인 마른 대추, 방금까지도 뭔가 썰던 작두, 인삼 냄새. 갈수록 좋아져. 비린내. 피비린내? 뼈와 살과 털과 지느러미. 하루는 누가 할아버지 고아드리라고 엄마한테 펄떡거리는 거대한 잉어를 갖다준 것이다. 엄마 울었을걸? 나도 울었지. 국 대접에 담긴 회색 수프의 냄새. 그때 삼켰는지 말았는지 아직도 잉어 생각하면 속이 울렁거린다. 체하면 할머니가 손가락 딴다. 실로 동여맨 엄지손가락, 손톱 밑에 맺혀 금세 부푸는 검붉은 핏방울. 이상하지? 진짜 낫는다는 게. 튤립 향기 맡아본 적 있어? 새카만 감초 사탕 먹어봤어? 너도 수능 볼 때 우황청심환 먹었어? 어떤 애가 청심환 한 개 다 먹고 갔다가 1교시 졸았대서 반 개만 먹었지. 청심환에도 사향 넣는대. 전부 섞여서 몰랐지. 개미 눈물만큼 들어가려나? 요즘 자꾸 약국에서 생약 처방해주는 거 싫더라. 그게 뭔지 알고 자꾸 먹으래. 냄새. 그 쥐똥 같은 환약 냄새. 이런 식으로 말라비틀어진 식물의 잎이나 대가 수북하게 쌓인 곳을 지나가면서 눈물짓는 사람이 되는 거구나. 그러면서도 국산인지 수입인지 확인하게 되는구나. 저거는 거북이가 아니고 자라 아니니? 엄마 울었을걸? 나도 울었지. 국산이었겠지. 살아 있었으니까.

10
월
13
일

시

까마귀는 발이 세 개

 바르셀로나에서 영주 언니가 준 유리잔은 아직 잘 쓰고 있다. 와인은 보통 잔의 삼사 부쯤 채워 마시므로 잘 몰랐는데, 이 잔을 가득 채우면 400ml 좀 못 미치는 양이 된다. 웬만한 컵보다 용량이 크다. 어떤 와인잔에는 술 한 병이 다 들어간다고도 한다. 어제도 까마귀밥을 만들며 여기에 흰 술을 가득 담아 마셨다. 곽곽선생이 함께였다. 까마귀밥의 재료는 과일 조금, 잡곡 약간과 작게 부순 비스킷 한 장. 세 발 달린 사기 접시에 담아 에어컨 실외기 위에 두고 커튼을 쳐서 내가 보이지 않게 한다. 처음에 잘 모르고 잡곡과 비스킷만 놓았을 때는 까마귀가 오지 않았다. 창가에서 담배를 피운 날에 오지 않았고 비가 와도 오지 않았다. 사과랑 배를 잘게 썰어두니 다음날 그릇이 비어 있었다. 오목한 그릇에 담아둔 물은 별로 줄어들지 않는다. 물 먹는 곳은 따로 있는 모양이지.

　곽곽선생은 새에게 먹이를 주지 말라고 한다. 나는 까마귀는 지능이 높아서 먹이를 줘도 괜찮다고 생각한다. 어느 날 갑자기 실외기 위의 밥그릇이 사라져도 까마귀는 금방 다른 방법을 찾을 것이다. 또 곽곽선생은 까마귀밥은 새까맣게 구워줘야 하는 게 아니냐고 한다. 나는 그런 말은 차별이라고 본다. 까마귀 두 마리가 구름 낀 하늘 위를 날고 있다. 까마귀 울음소리는 규칙적이다. 듣기 좋다. 하지만 두 놈의 울음소리를 구분하긴 어렵다.

　밥그릇이나 내놓고 사과 살은 내가 발라 먹는다. 맞은편 건물 옥상에선 영감이 또 속옷 차림으로 나와 담배를 피운다. 저러니 저 집에 까마귀가 가지 않지. 저 영감은 내가 먼저 문을 닫을 때까지 우리집을 쳐다본다. 언젠가 아침에 슈퍼에 가다가 마주쳤는데 영감이 대뜸 나더러 대체 뭐 하는 인간이냐며 화를 낸 적이 있다. 또 말을 걸면 뭐라고 하지. 나도 당신처럼 진짜 땅을 밟고. 진짜 풀을 밟고. 진짜 꽃을 꺾고, 진짜 잎을 따고…… 밥을 나눠달라면 밥을 주고 술을 나눠달라면 술을 줄 텐데. 곽곽선생은 진작 배불리 먹고 떠났다. 두 마리 까마귀야, 너희를 한 쌍이라 해도 될까?

10
월
14
일

관람 후기

2023년 가을, 〈신들이 모이는 산에서 바람이 불어온다〉
(컨셉·연출 박민희, 출연 박민희 외)의 경험을 기록한 글.

휴먼스케일

삼십이상(三十二相 또는 三十二吉相)은 부처의 서른두 가지 모습을 일컫는 말이다.

1. 발바닥이 평평하고 반듯함.
2. 발바닥 가운데 천 개의 수레바퀴 금(무늬)이 있음.
3. 손가락·발가락 사이에 가죽이 이어져 기러기 발과 같음.
4. 손·발의 보드라움이 도라면兜羅綿과 같음.

(……)

27. 치아 마흔 개가 가지런하고 깨끗하고 촘촘함.
28. 혀가 길고 넓어 귀밑까지의 얼굴을 다 덮음.
29. 순수한 상품上品의 맛을 느낌.
30. 낯이 보름달 같고 천제의 활 같음.
31. 두 눈썹 사이에 흰 털이 있되 오른쪽으로 사리어 보드

랍고 깨끗하고 광명이 빛남.

32. 머리 정수리에 살이 튀어나와 머리가 족두리같이 높고 위가 평평함.*

팔십종호八十種好는 서른두 가지 특징을 세분하거나 새로운 특징을 추가해 여든 가지로 기술한 것이다. 팔십종호에는 '보는 이가 싫증을 느끼지 않음'과 '(사람의 눈으로) 다 볼 수는 없음' 등이 포함된다. 삼십이상과 팔십종호의 내용은 전해지는 문헌마다 약간씩 차이가 있지만 대부분 비슷하게 전해져 불상 제작의 규범이 되었다. 머리에 육계가 있고, 바른 자세를 하고, 눈썹 사이에 둥근 백호가 있고, 긴 손가락을 부드럽게 구부린 금빛의 좌상을 보면 우리는 그것이 부처임을 안다.

부처가 밝게 빛나고, 부드럽고, 성스럽고, 정결하고, 매끄럽고, 이가 많고, 목소리가 곱고, 아무리 보아도 싫증이 나지 않고, 한눈에 다 볼 수 없다는 점은 불상으로 표현되

---

*기술한 삼십이상의 목록은 『한국고전용어사전 3』(사단법인세종대왕기념사업회, 2001)의 해당 항목을 가져온 것이며 문장과 순서를 일부 다듬었다.

지 않는다. 하지만 가끔 부처를 보았다는 사람들의 말을 들어보면 그들은 어김없이 완벽한, 삼십이상 팔십종호를 갖춘 부처를 묘사하는 것이었다. 나는 늘 이 점을 신기하게 여겼다.

*

들쑥날쑥한 지형을 뚫고 자란 회색 나무와 마른 덤불 군락 아래로 겨울비를 맞아 축축해진 낙엽들이 쌓여 있었다. 검은 흙도 축축했지만 질척거리지는 않았다. 죽은 나무와 검붉은 바위 위에 기이할 정도로 싱싱한 초록색의 이끼들이 얼룩처럼 넓게 번져 자라고 있었다. 먼 과거에 여기에 용암이 흘러들어와 모든 것을 불살랐다. 용암은 이곳에 고여 식어갔고 어느 순간 더는 한몸으로 움직이지 않게 되었다. 천천히 갈라지고 굳어지고 부서졌다. 용암이 고였던 자리는 움푹 파인 그릇처럼 되었다.

사람은 그 자리를 피해 살았다. 사람 아닌 것만이 무럭무럭 자라 숲을 이루었다. 가끔 사람들이 밤에 촛불을 가지고 숲속의 가장 짙은 어둠을 찾았다. 우리는 끊어지고 이어지는 좁은 길을 따라 어둠을 찾아 헤맸다. 넓고 평평한 너럭바위가 바닥을 이루고, 거대한 선바위 몇 개가 벽을, 굵은 뿌리로 바위 머리를 붙잡은 크고 검은 나무가 지붕이 된 그 기도 자리를 찾아냈다.

*

 그것은 사람 눈으로는 볼 수 없을 정도로 작지만 특정 곶자왈에 있는 너럭바위의 생태계에 중요한 영향을 미친다. 그것이 있다는 믿음만으로 우리는 곶자왈로 무작정 떠난 것이다. 막상 너럭바위에 도착했을 때 우리가 무엇을 해야 하는지는 알 수 없었다. 보이지 않는 그것을 어떻게 찾아내지? 우리는 선바위 틈의 울퉁불퉁한 구멍 속에서 굳은 촛농 자국을 발견했다. 자국은 하나가 아니라 여럿이었다. 우리도 가방에서 초를 꺼내 불을 붙이고 바위틈에 촛농을 떨어트려 불을 고정했다. 다른 사람들이 흘려둔 촛농 덕에 어렵지 않았다. 우리는 사람 수대로 촛불을 붙이고 각자 자신이 올린 초 앞에 무릎을 꿇고 앉았다. 무릎보호대나 방석을 준비해 온 사람도 있었고 나처럼 두꺼운 스웨터를 둘둘 감아 무릎을 받친 사람도 있었다. 우리는 눈을 감고 그곳을 방문하는 모든 사람과 같은 단 하나의 소원을 빌기 시작했다. 소원은 그것의 안녕을 기원하는 내용이다. 기도는 생각보다 길어졌다. 마지막 촛불이 꺼질 때까지. 다 타버린 심지와 흘러내리는 촛농.

*

무릎 꿇고 기도하는 사람들.
가을밤 깊은 숲속.

*

우리의 기도가 밤까지 이어져 어느 정도 힘을 갖추자 선바위 틈 조밀한 어둠 속에서 부처가 나타났다. 부처는 신비로운 빛을 흘렸지만 그 빛이 어둠을 해치지 않았으며 말씀의 내용에 따라 형체가 무한히 커지거나 무한히 작아지기도 했으나 그 움직임에는 과장이나 모자람이 없었다.

(신비로운 일이 일어난다.)

부처는 대답에 만족한 듯 모습을 감추었다.

부처가 떠난 후 우리는 무릎을 털고 자리를 정리했다. 우리가 느낀 안도감으로, 그것이 선바위의 작은 구멍 속으로 옮겨졌음을 알 수 있었다. 이제 한동안 그것은 안전하다. 짐을 챙기는 다른 사람들의 표정이 홀가분해 보였다. 나도 가방을 걸치고 일어섰다.

차가운, 아주 차가운 한줄기의 바람이 가볍고도 냉정하게 내 왼뺨을 휙 스치고 지나갔다. 그러자 흙냄새가 짙어지고 우르릉거리는 소리가 진동하더니 세찬 비가 내리기 시작하는 것이었다.

그럼에도 저 아래서 올라오는 한 무리의 사람들이 있었다. 우리가 그 모습을 보았다.

10
월
15
일

시

사향

사향은 수컷 사향노루의 배꼽과 생식기 사이에 있는 사향낭을 건조해서 만든다. 사향노루는 동북아시아 특산종이다. 암수 모두 뿔이 없고 고라니처럼 위턱의 송곳니가 뾰족하고 길게 발달해 밖으로 뻗어 있다. 덩치도 고라니만하거나 조금 작은 듯하다. 겁이 많아 높은 산에 살며 눈이 좋고 작은 소리도 잘 듣는다. 오랫동안 남획되어 개체수가 적고 도망도 잘 다녀서 한국의 산에서는 보기가 쉽지 않다. 꼬리가 거의 보이지 않을 정도로 작고 다른 노루보다 다리도 짧아 뒷모습이 매우 귀엽다. 눈가에서 앞가슴으로 이어지는 흰 끈 모양의 무늬가 한 쌍 있어서 다른 종과 구분하기 쉽다. 수컷의 사향낭은 발정기인 가을에 발달하여 암컷을 유인한다. 새끼는 한두 마리 낳아 암컷이 혼자 기른다. 수컷은 짝짓기가 끝난 후 이미 멀리 떠나버리고 없다. 사향노루의 수명은 10여 년이다. 궁지에 몰린 수컷 사향노루는 제 향낭을 물어뜯어 터뜨리고 죽어버리기 때문에 그 시체 주위에 사향이 진동한다는 이야기가 떠도는데 출처는 알 수 없다. '서제막급噬臍莫及'은 붙잡힌 노루가 뒤늦게 제 배꼽께를 물어뜯으려 해도 입이 닿지 않는 모습을 우스꽝스럽게 묘사한 고사성어로, '후회막급'과 같은 의미다. 아마 이 고사에서 비롯한 이야기가 아닐까. 실제로 죽은 사향노루의 향기를 맡았다는 사람은 만난 적 없다. 사향노루는 보호종이기 때문에 국내에서 수렵하는 것도, 외국에서 반입하는 것도 금지다. 사향고양이의 향낭에서 얻은 사향은 '영묘사향' 또는 '영묘향'이라고 구분되어 유통된다. 이상이 내가 약령시장에서 만난 박식한 밀수업자로부터 들은 이야기다.

10
월
16
일

메모

익명의 중독자들

여성을 위한 A.A.*

음주 문제는?

1. 여기저기 술 파는 곳을 돌아다니며 술을 사고 얼마나 술을 샀는지 아무도 눈치채지 못하게 한다.

2. 빈병을 감추기도 하고 감쪽같이 없애버리기도 한다.

3. 열심히 집안일을 끝내고 그 대가로 잠깐 마시는 시간을 갖는다.

4. 마실 때의 양심의 가책으로 자녀에 대해서는 무엇이든

---

* A.A. for the Woman, Alcoholics Anonymous World Services, Inc, 1951; 1968; 1986, pp. 5~9; 에이에이한국연합 홈페이지(http://www.aakorea.org)에서 재인용. 아무래도 2000년대 이전의 미국 여성을 대상으로 쓴 글임을 염두에 둡시다.

지 관대하게 허락해준다.

5. 일정 기간 전혀 기억이 없는, 필름이 끊기는 경험을 한 적이 있다.

6. 파티 다음날, 그 집으로 전화를 하여 누군가를 상처받게 하거나, 웃음거리가 되는 일은 없었는가 물어본 일이 있다.

7. 술이 나오는 것을 알고 있는 파티에 한두 잔 술을 마신 다음에 간다.

8. 술을 마시면 매력이 철철 넘치는 여성이 되는 기분이 든다.

9. 친척집에 가서 마실 기회가 전혀 없을 것 같은 날이 계속된다는 생각만으로도 공포에 질린다.

10. 점심이나 저녁식사 때 친구를 초대해서는 마시기 위해 교제를 시작한다.

11. 누군가가 옆에 있을 때는 여성 알코올중독자에 관한 신문 기사나 TV를 보지 않지만 혼자 있을 때는 읽기도 하고 보기도 한다.

12. 핸드백에 술을 숨긴 적이 있다.

13. 자신이 마시는 것에 대해 뭐라고 말을 하면 싸울 준비를 하고 있다.

14. 압박감을 느꼈다든가 언쟁을 하고 나면 마신다.

15. 술이 들어가도 완벽하게 조절할 수 있는 자신이 생겨 운전을 한다.

가끔 익명의 알코올중독자들 한국지부 홈페이지에 기어 들어가 "A.A.는 당신을 위한 것인가?"로 시작하는 소개글을 읽는다. 꽤 길다. 묘한 아름다움이 있는 글이다. 친절하게 권유하는 말투와 단호한 내용. 이 글을 읽는 것만으로도 조금은 위안이 된다는 걸 부정할 수 없다. 여기에 따르면 수많은 한국인이 심각한 알코올중독 상태다. 또 이들은 한번 알코올에 중독된 사람은 결코 음주량을 자발적으로 조절할 수 없으며, 술에 대해서는 중독되었거나 중독되지 않았거나 중 하나의 상태만 가능할 뿐이라고 단언한다. 나도 그렇게 생각한다. 사람은 무언가에 중독되었거나 중독되지 않았거나, 둘 중 한쪽밖에 고를 수 없다. 한번 중독되면 멈출 수 없으며 멈출 수 있다면 중독이 아니다. 하지만 나는 조절할 수 있다고 믿는다. 오늘은 컨디션이 별로라 일찍 떠난다는 말을 남기고 자정 전에 집에 들어가는 사람이 될 수 있다고 믿는다. 희망이구나, 희망. 중독은 희망이구나.

첫 시집에는 술이나 술집이 등장하는 시가 꽤 있었다. 그중 어떤 시에 대해서는 좋은 평을 유독 자주 듣기도 하였는데, 그런 일이 있을 때면 나는 등골이 오싹해지며 소름이 돋곤 했다. 역시 사람들 눈이 귀신 같다고 생각하며.

10

월

17

일

에세이

이 책 표지 사진 병뚜껑의 정체는 아직도 밝혀지지 않았다.

만신전

 무거운 문. 문이 무겁다는 사실은 중요하다. 조금 밀어서 생긴 틈새로 몸을 구겨넣거나 아예 온몸으로 밀면서 동시에 들어갈 수도 있는 문. 만사에 관대해져 도어맨을 자처하는 취객은 아직 없다. 음악과 뿌연 어둠 속으로 입장. 창가에 드리운 블라인드 사이로 옅은 햇빛은 아직 밝지 않은 컴컴한 실내에 직선으로 떨어진다. 곧 자연의 빛이 순식간에 사위고, 어둠이 마침내 도착하고 나면 주황색 전구들은 환하게 빛나기 시작할 것이다. 흰색 빛은 안 된다. 관용, 유머, 다정함, 그리고 우울도 괜찮다. 그러나 활기, 현실, 낮 동안의 비참이 환기되어서는 안 된다. 바텐더, 웃어도 좋고 무뚝뚝해도 좋지만 아무 말도 없어서는 안 된다. 당신에게 메뉴판이 필요하다면 아직은 괜찮다. 책이나 구글을 통해 알게 된 이상한 칵테일이 가능한지 묻는다면, 아주 좋은 상태다. 그러나 당신이 자리에 앉기도 전에 바텐더에게 고개를 까딱하고, 바텐더도 말없이 친밀함을 친밀함으로 받아준다면, 그리고 당신이 바 의자에 앉아 시야에 보이는 모든 술병의 모양과 라벨을 샅샅이 훑으면서도 첫잔을 가벼운 술 한잔—진토닉이나 하이볼, 맥주 따위—으로 시작한다면, 그러면서도 눈의 운동은 멈추지 않고, 가끔 조명이나 테이블이나 다른 자리에 앉은 사람들을 흘깃거리는 척하면서 계속해서 다음 잔에 대한 상상을 지속하고 있다면, 별로 좋지 않은 것 같다.

선반에 설치된 작은 간접조명을 받아 술병들은 밝은 호박색, 투명한 노을색, 짙은 녹색으로 그 속의 내용물을 비추거나 암시하며 빛난다. 유연한 곡선의 술병도 있고, 직선이 강조되어 호리호리하지만 단호한 인상을 주는 술병도 있다. 지중해 밑바닥에서 건진 기원전의 술병들처럼 단순한 모양의 꼬냑 병. 풍성한 가을 열매의 곡선과 좁고 짧은 주둥이. 얇은 금박으로 입혀진 알파벳, 이름, 로고. 지역 특산 새들의 그림. 금속 원숭이 부조. 위쪽이 과장되게 부푼 코르크 마개. 마라스키노 체리, 빅토리아여왕의 초상, 잘게 파도가 부서지는 해변, 남프랑스의 고성, 붉고 검고 흰 포도와 포도나무의 덩쿨, 오렌지꽃, 히스로 덮인 벌판, 곡물 이삭, 단순한 디자인이 확실한 안도를 선사하는 이름만 적힌 라벨. 치유 성분을 가졌다는 약초, 풀과 나무를 포함하는 식물들과 그것들의 뿌리, 잎, 꽃, 열매까지 모조리 사용한 수도사들의 약물. 10년 단위로 흘러가는 시간. 얼음이 부서지는 소리. 유리잔 속에서 술과 섞인 얼음이 흔들리는 소리. 셰이커 속에서 뒤섞이는 기대와 충만감. 과일이 썰리고, 보이지 않는 과즙 방울들이 톡 쏘며 공기 중으로 튕기고, 비터, 진득한 액체 몇 방울의 겸손. 서걱거리는 설탕의 입자, 싫어하는 사람은 확실하게 싫어하는 단맛, 단번에 솜씨 좋게 부어지는 소다의 작은 폭발음들. 맑은 갈색의 작은 우물에서 피어오르는 버번의 오크와 견과류와 곡물 향, 한여름의 차가운 샤르도네, 자연을 상기시키는 온갖 인공의 복잡한 냄새들 속에서 불쑥 솟아오르는, 아일라 위스키의 해안 절벽.

   기발한 생각이 떠오르기 시작하고.
   갑자기 사람들이 당신을 좋아하는 것 같은 기분.

당신은 비틀거리며, 나름대로 정중해 보이려 노력하며, 의자에서 일어난다. 당신이 등을 구부리고 턱을 괴었던 테이블 위에는 잔 받침 두어 개와 둥근 물자국들. 마른 과자 몇 조각 남은 조그만 안주 접시와 빈 물잔, 그리고 술잔들.

당신은 지쳐서 집에 간다. 귀갓길, 집에서 가장 가까운 편의점에 들른다. 많이 취한 날에는 맥주 몇 캔, 덜 취한 날에는 할인중인 와인이나 포켓 사이즈 위스키를 한 병 사서 간다. 다음날 아침에 마실 이온음료, 제로 칼로리 탄산음료도 챙긴다. 당신은 집에 도착해 손을 씻고 잠옷으로 갈아입은 다음, 주방 찬장에서 커다란 머그와 술병을 꺼내들고 당신의 책상 앞으로 간다.

그곳이 당신의 만신전이다.

10
월
18
일

시

전라감영

 근처에 예쁜 서점이 있다고 해서 찾아갔다. 서점에서 책을 사고 커피도 마신 뒤 큰길가로 나왔다. 경찰서 맞은편은 옛 전북도청 자리인데 몇 년 전 시에서 도청 건물을 허물고 조선시대 감영監營을 복원했다고 한다. 언뜻 보아도 목재의 색깔이 새것 같았다. 잠시 고민했지만 그냥 가보기로 했다. 공짜로 들어갈 수 있었다. 입구에서 망설이던 서양 남자 두 명도 내 뒤에 슬쩍 붙어 공짜 구경을 시작했다. 대문(포정문)을 넘어가보니 역시 넓은 부지에 새로 지은 한옥 몇 채가 낮은 담장에 둘러싸여 있을 뿐. 중심 건물인 선화당에는 신발을 벗고 들어갈 수도 있어서 놀러 온 사람들이 시원한 실내에 다리를 쭉 뻗고 앉아 쉬고 있었다. 두 외국인이 선화당 마루에 걸터앉아 대화를 나누는 소리를 들었는데 불어 같았다. 행색을 보고 독일인이 아닐까 했는데. 건물에 들어가진 않고 누각 주변도 한 바퀴 돌고 정주간 아궁이 사진도 찍었다. 부지런히 건물을 돌아다니는 초로의 남자가 뭘 하는지 봤더니 일일이 조명을 켜고 있었다. 아직 날이 밝은데? 작은 사립문이 있어 넘어가보니 엄청나게 커다란 회화나무가 나타났다. 물론 나무의 입장에서는 내가 나타난 것이다. 나무는 200년 동안 한자리에 있었다고 한다. 나무 앞에는 보호수 표시와 관리번호가 붙어있었다. 9-1-1-1-1. 9? 구? 어째서일까? 숫자는 외국인들도 충분히 읽을 수 있었을 것이다. 둘 중 키가 좀 작은 사람이 문턱을 넘었다가 나무만 있는 걸 보고 잠깐 머뭇대다 다시 나갔다. 큰 나무가 흔한 나라에서 왔을지도. 하지만 회화나무의 배경에서 거대하게 건들거리던 가족회관 현수막, 저 집 비빔밥이 맛있는데. 어째서 기와집 사이를 기웃거리는 서양인들에게서 신비를 느끼고야 마나, 이거 1세계 선망인가? 좀 창피를 느껴야 마땅한 일인가, 슬리퍼를 끌며 생각했고, 자연히 다시 쭉 뻗은 회화나무로 돌아갔는데, 그 곁에 붉게 피어 있던 석류꽃 사진은 왜 찍었는지 참 관광객다운 일을 했다고도. 수령, 긴 시간, 200년 정도의 시간에 대해, 숫자, 숫자의 배열, 9-1-1-1-1에 대해서. 9-1-1-1-1을 구 다시 일 다시 일 다시 일 다시 일이라고 읽기. 나이든 나무를 보살피는 일. 나무가 나를 보살펴줘야 하는 거 아닌가? 나무라고 해서 아무 꿍꿍이가 없으려고. 그렇게 나이가 많은데…… 골똘할 것도 없이 조경이나 정원 따위 단어가 쉽게 떠올랐고 특히 정원이라는 단어가 좋았다. 이름이 정원인 사람들도 몇, 그중 제일 친한 정원인 문정원을 생각하니 당장 시원한 맥주가 마시고 싶어졌다. 아직 쓰지 않은 시의 제목으로 '정원사 문정원씨의 정원'은 어떨까 생각했다. 실제 문정원의 직업이 정원사가 아니므로 상관없지 않나, 걸었다. 해가 지는 감영로를 천천히. 나 혼자. 늦은 밤엔 영화의 거리에서 두 외국인과 마주쳤고 서로 못 본 척하며 지나쳤다.

10
월
19
일

시

실제로 일어나는 일

은행나무 아래에서 귤 두 개를 발견했다. 그 옆에 서서 기다렸는데 아무도 찾으러 오지 않았다.

주인 없는 귤을 가져가기로 했다. 점퍼 양쪽 주머니에 하나씩 넣고 매끈한 표면을 만지며 걸었다.
터지지도 무르지도 않은 귤이었다.

점점 미지근해지는

깼어?

그때 우리집엔 주워 온 귤이 두 개.
너와 나.

너는 믿지 않았지. 누가 잠시 놔둔 거라고. 떨어진 귤이라면 왜 다친 데가 하나도 없느냐고.

그냥 귤을 길에서 주운 거야. 아무도 권하지 않았지만 그것들을 갖고 왔다. 그래도 되는 줄 알고서.

귤은 매끈하고 표정이 없고
수상하지 않았다. 좋은 맛이 났다.

귤껍질을 따뜻한 방바닥에 깔아두었다.
껍질이 말라가며 좋은 향기를 풍겼다.

집에 오면 왜 이렇게 졸린 걸까.
아마 전부 잊어버렸겠지만

그때 그 집에는 두 개의 생각이 있었다.

그것들은 기다렸다.

누군가 가지러 올 때까지.

하나가 될 수는 없었다.

10

월

20

일

에세이

무등산 근처에 살아보고 싶어서 셋집도 알아봤다.

누가 빨강, 노랑, 파랑을 두려워하랴?[*]

마크 로스코Mark Rothko는 자신의 색면 회화와 관객과의 이상적인 거리로 45cm를 제안했다. 캔버스를 멀리서, 마치 신이 보듯이, 작은 프레임에 가두어, 전체를 관조하거나 분석하지 말고, 아주 가까이 다가와서 견뎌보라는 것이다. 가까이 다가가면 색면의 비율이나 색의 조합이나 하는 예술적 요소들에 대한 생각보다는…… 솔직히 말해서 아무 생각이 없어지는 것 같다. 적어도 난 그랬다. 아무 생각이 없어지는 게 나쁘지만은 않다. 눈앞의 추상적인 환경(예를 들어 눈앞의 빨강, 빨강, 팽창하는 빨강)을 재료 삼아 하는 딴 생각이란 결국 스스로를 향한다. '내가 여기서 뭘 하고 있지?'라는 질문은 어쩌면 로스코가 바랐던 관람의 시작일지

---

*바넷 뉴먼Barnett Newman의 1966~1968년작. 원제는 〈Who's afraid of Red, Yellow and Blue?〉.

도 모르겠다. 하지만 미술관에서 로스코 혹은 바넷 뉴먼(역시 관객이 화면에 최대한 가까이 다가가 숭고함을 느끼길 바랐다)의 그림과 그 정도로 가까워지기란 쉽지 않다. 너무 가까이 다가갔다간 제지를 받을 테니까.

그렇게 멍하게, 기꺼이 압도당해 무력하고 쪼그라드는 기분이 들지만 그게 썩 나쁘지만은 않을 때, 오히려 이상한 희열을 느낄 때. 내가 기꺼이 작아지는. 나를 둘러싸는 무한의 감각. 고요한 집중의 상태. 숭고를 느끼는 상태를 종교적이라거나 명상적이라고 부를 수도 있겠다. 나를 포함해 많은 사람이 사랑하는 19세기 낭만주의 화가 카스파르 다비트 프리드리히Caspar David Friedrich의 그림을 주의깊게 감상하고 나면, 아무리 차가운 심장을 가진 사람이라도 해질녘에 강가 풀숲을 산책하고 싶어지리라. 걸으면서 생각할지도. 살면서 좋은 것, 아름다운 것을 얼마든지 볼 수 있는 시대지만, 막장 드라마나 고어 영화를 봐도 심드렁해지는 나이에 가까워지면, 결국 이렇게 되는 걸까. 강가를 걷고, 노을 사진을 찍고, 산에 가는 걸까. 같이 술만 마시던 주변 사람들이 언제부턴가 등산을 가고. 밖에서 달리기하고. 등산을 좋아한 적도 없으면서 갑자기 인왕산에 올라 일출을 보고.

무등산에 오른 몇 년 전, 나도 역시 자연보다 자극적인 콘텐츠가 없다는 결론에 도달하긴 했다. 여름 산에 들어가니 나뭇가지가 바람에 나부끼는가 하면 포르르 새가 와 앉고. 문득 불어오는 풀 향기, 물 흐르는 소리, 큰 새 우는 소리, 거칠거칠한 소나무 껍데기. 멀리 보이는 거대한 먹구름떼와 암석으로 된 봉우리. 위협하는 듯한 천둥소리. 그날 비가 왔기 때문에 비도 적당히 맞았다. 8월의 기억. 나중에 알게 된 거지만 그날 시의 재료도 많이 수확하여 하산한 모양이었다.

인간의 집착, 욕망, 광기와 역시 숭고를 오랜 주제로 삼아온 영화감독 베르너 헤어초크 Werner Herzog는 당연하게도 화산을 좋아한다. (헤어초크는 친구들이 내게 20년째 너무 좋다고 말해왔기 때문에 이제야 보게 된 감독 중 한 사람인데, 남의 기록 영상을 활용해 만든 요즘 영화들을 나 역시 너무나 좋아하게 되었다. 나와 K는 〈그리즐리 맨 Grizzly Man〉을 보고 만세를 부르며 외쳤다. 오늘부터 헤어초크도 우리의 친구다! 안다, 민망한 일이다. 맛있는 화이트 와인을 마시고 있었는데…… 나중에 인터넷을 검색해보니 김승일 시인의 〈그리즐리 맨〉 감상기가 있었다…… 아무튼 화산 이야기로 돌아가서,) 화산의 분화처럼 숭고하게 보이는 자연현상도 그리 많지 않을 것이다. 일찍이 칸트가 숭고의 대표적인 예시로 들었을 만큼. 그 무시무시한 폭발에 중독된 화산학자 부부에 대한 헤어초크의 영화 제목은 〈불 속의 연인: 카티아와 모리스 크라프트를 위한 진혼곡 The Fire Within: A Requiem for Katia and Maurice Krafft〉. 부부를 촬영한 외부 자료도 활용했지만, 주로 헤어초크가 보여주고 싶어하는 것은 이들이 직접 촬영한 화산 분화 현장의 모습이다. 영화 후반에 그 영상들만 편집하여 내레이션을 걷어내고 음악(포레 Gabriel Fauré 의 진혼곡)과 함께 보여주는 부분이 멋지다. 극장에서 보지 못해 아쉽다. 이 중독자 부부, 카티아와 모리스 크라프트는 1991년 일본의 운젠화산 폭발 현장에서 사망한다. 영화를 보면 그전까지 살아 있었다는 게 기적일 정도로 위험한 일을 많이 겪었다. 당연히 모두 화산 때문이었다.

수십 번씩 고장나는 차를 타고 산길을 오른다. 물을 건넌다. 화산이 폭발하기 직전에 섬에서 탈출한다. 분화구에 며칠씩 텐트를 치고 관찰하고 기록한다. 벌건 불덩어리를 손으로 쥐고, 폭발의 근접 관찰을 위한 무모한 장비를 만들고, 마그마를 밟아서 신발 밑창이 타는 모습을 찍는다. 가까이서 보는 화산은 지구 아닌 다른 행성의 사진과 더 닮아 있었다. 어떤 분화구는 너무나 거대해서 그 위에 도시 하나를 건설할 수도 있을 것 같다. 화산 폭발의 규모는 때로 유서 깊은 도시 하나쯤 무심히 멸절해버릴 정도다. 두 사람은 당황하지 않는다. 이들에 따르면 화산 분화구에서 도망칠 때는 분화구 쪽 하늘을 보면서 뒷걸음질로 천천히 피하면 안전하게 내려올 수 있다.

우리가 거친 자연으로 나서지 않고 안전하게 숭고를 느끼기 위해서는 중간에서 일하는 사람이 반드시 필요하다. 화가도 그렇고, 영화감독도 그렇고. 〈불 속의 연인〉에서는 헤어초크의 불길하고 거친 내레이션이 특별히 돋보였다. 도무지 이 세상의 일이 아닌 것 같은, 오직 전능하고 무한한 힘을 가진 신만이 다룰 수 있을 법한 자연의 영상과, 결국 사망하는 영웅들. 그 사이에서 그의 목소리가 자연의 무자비함과 두려움을 계속 상기시켜주었던 것 같다. 두려워하세요. 자연에게는 인간의 마음이 없습니다. 두려움의 도약판이 있어야지만 사고가 비약한다. 나도 두려움이 좋다. 용두암 머리끝에 앉아 거친 파도를 한없이 바라보고 싶다. (접근 금지 구역임.)

10

월

21

일

시

연해주

박력분 135g

버터 135g

달걀 3개

설탕 75g

베이킹파우더 1t

바닐라향 0.5T

소금 2g

바닐라빈 1개

생크림

과일잼

슈거파우더

뜨거운 냄비에 버터를 넣고 바닐라빈, 바닐라향, 과일잼,

설탕을 넣어 볶는다. 휘저은 달걀과 물 한 컵을 붓고 함께 졸이다가 계란물이 끓어오를 때 박력분과 베이킹파우더를 넣고 거품기를 이용해 마구 뒤섞는다. 끈적해지면 불을 끄고 식힌다. 딱딱해지기 전에 이구아나 모양으로 성형해 오븐용 그릇에 담는다. 200도로 예열한 오븐에 넣어 120분간 굽는다. 이구아나가 구워지는 동안 주방을 정리한다. 생각할 시간이 충분하다. 120분. 생각할 시간은 충분했다. 딱딱하고 검은 그을음이 팬에서 떨어지지 않는다. 인간이 싫다. 이해한다. 마지막에 웃는 자가 싫다. 나는 마지막에 우는 자. 엉망진창으로 통곡하는 자, 늘 지는 자, 넘어지고 뒤처지는 자다. 불 꺼진 뒤 도착하는 자, 빈 잔을 받는 자. 나의 빈 자루는 이보다 더 빌 수 없고 터진 곳도 구멍도 많지만. 나의 소중한 자루, 꽃도 빵도 없지만. 자루 속에 작은 것을 넣을 수는 없다. 예컨대 밀가루나 곡식이나 소금을 넣을 수는 없다. 큰 것은 넣을 수 있다. 이를테면 블라디보스토크. 연해주, 러시아, 유라시아대륙. 그리고 이글이글 타오르는 한 마리의 이구아나. 당신이 멕시코시티에서 칠리소스를 발라 먹은 것. 자루 입구를 쥐고 열렬히 흔들어 내용물을 잘 섞는다. 눈을 감고 손을 넣어 가장 먼저 잡히는 것을 꺼낸다. 그것은 연해주다. 그것이 연해주다. 불타는 이구아나 모양의 덩어리.

"시를 읽고 있었어요."
고개를 든 당신이 말한다.

* 이구아나와 시 읽는 사람 모티브는 로베르토 볼라뇨의 소설 「지상 최후의 일몰」에서 가져옴.

10

월

22

일

에세이

나는 현대인이 죽음을 과소평가하고 있다 생각한다.

우리는 지금보다 훨씬 더 두려워해야 한다.

섬광

2023년 10월 7일 저녁에 한강에서 불꽃축제가 열렸다는 사실은 나중에 알았다. 그날은 친구가 공연하는 날이라 을지로의 한 공연장에 있었기 때문에 저녁의 화려한 하늘을 보지도, 폭발음을 듣지도 못했다. 다만 아름다운 음악을 들었고, 친구들과 즐거운 시간을 보냈을 따름이다. 공연이 끝난 후엔 연주자들 틈에 끼어 근처 고깃집에 갔다. 짧은 거리를 이동하면서 을지로 맥주 골목이 예쁘게 잘 꾸민 사람들로 꽉꽉 들어찬 광경을 봤다. 그날 축구 경기가 있기도 해선지 여느 주말보다도 활기가 넘치는 듯 보였다. 이태원 참사 이후로 사람이 많은 곳에 가면 약간 머리가 아프다.

나도 몇 년 전까지 날씨 좋은 초가을 저녁이면 저 틈에 끼어앉아 차가운 생맥주를 몇 잔이고 마셨다. 노가리라는 것도 이곳에서 처음 먹어보았다. 그러나 이 골목에서 을지오비베어가 쫓겨난 다음에는 한 번도 가지 않았고, 홍대로 이전한 가게에도 아직 못 가봤다.* 무시하기 어려운 무게의 상실감과 죄책감, 가벼운 우울과 소외감을 느꼈지만 '제정신으로 이 도시를 돌아다니기 위해', 그리고 '이 저녁의 기쁨을 망치기 싫어서'라는 핑계를 대고 고개를 돌렸다. 한 블록 떨어진 24시 고깃집에서 소주도 마시고 맥주도 마시고 소맥도 마셨다. 목적대로 기분 좋게 취해서 택시를 타고 귀가했다. 집에 돌아와 잘 준비를 마치고도 그냥 자기 아쉬워 식탁 앞에 앉았다. 친구가 새 앨범 리뷰를 청하며 보낸 링크를 열어 플레이하고 가사 파일도 천천히 다시 읽어보았다. 생명력 넘치는 어린 고양이는 어루만져지길 기대하며 등을 돌린 채 채찍 같은 꼬리를 느릿느릿하지만 강하게 휘두르고 있었다. 친구의 음악은 무척 아름답고도 내성적으로 들렸다. 오랜만에 혼자 깨어 이런저런 생각을 할 수 있었던 여유로운 밤이었다.

---

*2024년 10월 현재 을지오비베어는 을지로3가역 10번 출구 인근에서 영업을 재개한 상태다.

내가 사랑하는 존재들에게 둘러싸여 느긋하게 즐긴 그 저녁에도 지구상에선 많은 사람이 사망했다. 어쩌면 사망자가 다른 날보다 조금은 더 많았을지도 몰랐다. 지금에 와선 평소보다 이목이 집중된 사망자가 많았던 날이라고도 생각한다. 이 글을 쓰고 있는 지금은 하마스의 이스라엘 공격과 뒤이은 이스라엘의 가자지구 공습 시작으로부터 열흘 정도 지난 시점이다. 10월 17일 폭격당한 가자지구 알아흘리 아랍 병원에서는 하루 만에 500명 이상이 사망했다. 민간인 가옥, 병원에 이어 오늘은 사람들이 피신해 있던 교회가 폭격당했다는 소식을 들었다. 희생자 중에는 어린이들도 많았다. 플라토노프의 소설 『구덩이』의 도입부. 인물 '보셰프'가 아이를 사이에 두고 싸우는 한심한 부부에게 엄청나게 성내는 장면. 보셰프가 길길이 뛰며 화를 내지만 그들은 그저 귀찮은 보셰프가 지나가기만 기다리고 있다. 이 소설의 결말부에서 플라토노프는 모두가 사랑하던 아이의 사망에 낙관적 미래나 희망의 상실을 비유한 것이 아니다. 그들은 정말로 귀하게 보살피던 아이를 잃어버린 것이다. 그 뒤에 올 것은 무엇인가.

직접 겪지 않은 고통에 대해서는 함구하는 편이 점잖다고 여기거나, 심지어 중립, 객관 운운하며 가르치려드는 자들도 있다. 말도 조심해야 하고 글도 조심해야 한다고. 지금 나는 참사의 직접적인 피해자가 아니기 때문에 사고 피해자의 입장에서 글을 쓸 순 없다(피해자가 아닌가?). 그러나 겪지 않은 일들도 모조리 내 몸속에 저장되어버렸다고 말할 수는 있다(피해자가 아닌가?). 나는 쓸 수 있다. 때때로 간접적이고 단편적인 기억이 나 자신보다 정확하다고 느끼게 되는 일들에 대해. 또 사건 이후 파생된, 사소하고 일상적이라 치부되는 일들이야말로 그 당시 내가 파악했다고 자신한 것보다 많은 진실을 간직하고 있음을 알아차림에 대하여.

말하자면 이런 것이다. 며칠 뒤 저녁, K와 나는 침대에 누워 인스타그램 랜덤 릴스에서 서울불꽃축제의 화려한 불꽃놀이 영상을 보았다. AI는 바로 그다음 영상으로 하마스가 가자지구에서 쏘아올린 로켓들을 이스라엘의 방어 시스템이 격추하는 밤하늘을 보여주었다. 이 자동화된 무자비함은 진짜다. 이 영상들 사이의 유사성—밝은 밤, 폭발음, 섬광, 땅으로 떨어지는 빛나는 파편, 긴 꼬리 연기 등—은 진짜다. 이것을 보고 온몸에 돋은 소름은 진짜다. 내 경험만으로는 결코 상상할 수 없었던, 나를 경악시키고 떨게 만드는 현실이다. 나는 이 파편화되고 몰인간적인 시각 체계가 지금 내가 세계를 바라보는 방식보다 더 진실에 가깝다고 느꼈다. 나 스스로가 세계를 바라보고 있다는 믿는 방식, 말하자면 끝없이 자기중심적으로 유보하고 갱신하는 나의 신념보다 훨씬 그러하다고. 그래서일지도 모른다. 현실이 비현실이 되는 순간, 누군가의 죽음이 누군가의 삶이 되고, 삶은 죽음이, 환상이 현재가 되는, 진짜는 가짜가 되는, 그런 순간들에 무작정 이끌리는 이유가. 이 믿을 수 없는 현실과 거의 보이지 않는 진실 앞에서. 화가 난 채로, 비굴한 마음으로, 끝없는 죄책감과 불안과 황망한 슬픔을 손에 꼭 붙들고. 어쩌다 도망친 곳에서 먼 곳의 광경에 얼어붙어 움직이지 못하는 사람. 눈을 가늘게 뜨고 저 가상의 경계 어디쯤을 오랫동안 바라보고 있자면, 뭐가 잘 보이지 않아도 무언가 보고 있다는 착각이 든다. 이런 사로잡힘도 '귀신 들림'의 한 가지일 것이라고, 가끔 생각한다.

『문학동네』 2023년 겨울호)

10
월
23
일

시

한국의 재배식물

 강 건너 멀리 내가 빠진 곳이 보였다. 이 강이 이렇게 넓었군. 언니와 엄마가 선착장에서 기다리고 있었다. 타는 노을 아래 마주보는 그들의 뺨이 붉게 빛났다. 둘은 심각한 표정으로 이 시간에 서울 가는 버스를 탈 수 있을 것인가 의논 중이었다. 아, 또 내가 너무 늦었군. 화단에 다홍빛 왕철쭉이 흐드러져 있었다. 정말이지 내가 제일 싫어하는 꽃이다. 꽃을 한 움큼 쥐어뜯어 강에 뿌렸다. 그것들은 빠지지 않고 동동 떠서 있다.

10
월
24
일

에세이

시인이 되고서야 미술 잡지에 기고하게 되다니 참 알 수 없는 인생사.

보일 듯이 보일 듯이 보이지 않는*

『월간미술』「시의 바깥에서」 코너에는 매월 산문 원고와 함께 사진 1매가 실립니다. 문학잡지 편집부에서는 가끔 프로필 사진을 요구하는 곳도 있지만 대개 텍스트 파일만 전송하는 일이 대부분인데요. 저작권 제반에 무지하고, 또 솔직히 번거롭기도 하다는 이유로 매달 제가 직접 핸드폰 카메라로 촬영한 사진을 보내고 있습니다. 물론 저는 시인으로서 지면을 의뢰받은 것이니 『월간미술』에는 이방인의 자격으로서 초대를 받은 것입니다. 어느 정도의 무지를 용서받는 것은 외부인의 특권이겠지요. 하지만 솔직히 제 사진의 특별한 처참함을 매달 확인하는 일이란 꽤 고역이라고 고백할 수밖에 없겠습니다.

---
* 동요 〈따오기〉의 가사.

사실 저는 사진에 관심이 많습니다. 좋아하는 화가나 영화감독, 음악가가 누구냐 물으면 당장 답하기 어려울지도 모르겠지만, 사진가라면 생각나는 사람이 많습니다. 특히 박영숙, 김옥선, 니키 리 등 좋아하는 사진가의 작품이나 전시는 되도록 챙겨보고, 이차령, 임효진의 작업에 글을 보탠 적도 있습니다. 프랑수아 트뤼포가 말한 그 유명한 영화애호가의 3단계가 1)반복해서 보기 2)영화에 대해 쓰기 3)영화를 직접 찍어보기, 라고 하던데요. 저도 직접 메커니즘을 다뤄보고 싶어 실습수업을 들어보기도 했습니다. '셔터를 누른다'는 단순한 표현의 이면을 이루는, 전반과 후반의 섬세하고 고된 작업(스냅사진의 경우라면 끈질긴 인내심과 관찰력, 그리고 '결정적 순간'을 판단하는 미학적 훈련까지 포함할 것입니다)을 견디지 못했으니 당연히 결과는 혹독했습니다. 그때 여러 친구의 조언을 청해가며 큰돈을 들여 구한 카메라는 배터리가 방전되어 말 그대로 장롱 속 카메라가 된 지 오래이고요. 그뒤로는 촬영 쪽은 더 엄두를 내지 않고 관람자의 입장에서 만족하게 되었습니다.

시를 애독하는 저의 태도가 사진을 대하는 그것과 비슷

하다고 생각해 본 적이 있습니다. 구글로 대표되는 거대한 이미지 아카이브에 스마트폰을 통해 뇌를 연결하고 살아가는 세대의 일원으로서, 저는 언어의 논리적 구조에 대한 탐구보다 언어를 도구 삼아 만들어지는 이미지에 더 쉽게 이끌립니다(이런 사람도 시인이 될 수 있다는 것이 이 세대의 비극이라면 비극이겠습니다만). 제가 읽었을 때 이끌렸던 어떤 시들은 '사진적'이라고 할 만한 특성을 공통적으로 갖고 있었습니다. 한 장의 사진은 세계의 외면을 드러내는 방식으로 빈 곳을 지시합니다. 그와 같이 보이는 것들을 보이게 해두고, 보이지 않는 것은 보이지 않게 남겨두는 것, 그러나 보이지 않는 것 또한 분명히 존재한다는 것을 말해주는 시들. 존 버거의 말을 빌리자면 '읽을 수 있는 것과 읽을 수 없는 것이 진동하는' '외양의 응집'* 상태. 그 상태는 지금 제가 생각하는 좋은 시에 가깝습니다. 독자의 상상을 자극하고, 생각이 움직일 수 있는 호흡의 틈을 열어주는 시. 눈에 보이는 외양을 언어로 그려내는 행위가 추상적인 개념을 언어화하는 것보다 쉬운 차원의 일처럼 생각될지 모르겠지

---

* 존 버거, 『사진의 이해』, 제프 다이어 엮음, 김현우 옮김, 열화당, 2015.

만, 제 생각엔 그렇지 않습니다. 사진의 마법은 대상을 있는 그대로 보여준다는 착각에서 출발하는데, 사진처럼 현실을 감싸는 베일을 거의 투명할 정도로 곱고 얇게 언어로 직조하는 일에는 아주 섬세하고 깊은 통찰이 필요할 테니까요. 그러니 현대 시인들의 언어가 충분히 '예술적'으로 보이지 않을 때, 범상하고 닳고 닳은 듯 보이는 일상의 표현들을 가져다쓸 때마저도 저는 종종 무언가 중요한 것을 보고 있다거나 발견할 것만 같은 느낌을 받습니다. 그때 그 언어들은 사진과 같이, 현실에 아주 가까이, 거의 닿았다고 보일 정도로 한없이 가까이 다가갔지만 닿지는 않은 어떤 순간을 포착하고, 간직하고 있습니다. 아주 좁은 틈새가 가까스로 열리는 시간. 무언가 비어져나오는 찰나. 롤랑 바르트는 "하나의 사진을 잘 보기 위해서는 머리를 쳐든다거나 눈을 감는 게 좋다"라고까지 말합니다. 그 말을 따라, 한 편의 시를 잘 읽기 위해서는 눈을 감는 게 좋겠다고 억지를 써봅니다.

아작아작 크고 작은 두 마리의 염소가 캬베스를 먹고 있다
똑똑 걸음과 울음소리가 더 재미있다
인파 속으로 열심히 따라가고 있다

나 같으면 어떤 일이 있어서도 녀석들을 죽이지 않겠다*

　김종삼 시인의 이 짧은 시는 마치 시간을 고요히 견디며 낡은, 오래전에 찍은 흑백사진처럼 느껴집니다. 저는 물론 시장에는 가봤지만, 시장에서 염소를 파는 장면을 본 적은 없습니다. 또 실제로 양배추를 아작아작 먹고 똑똑 걷는 염소를 본 적도 없습니다. 제가 아는 것은 TV나 사진으로 본 염소의 이미지일 뿐입니다. 하지만 양배추를 '캬베스'라고 부르는 노인의 목소리는 제가 잘 아는 이의 것입니다. 마지막 행에서 다짐하는 하나의 목소리를 저는 지금은 없는 친밀한 사람의 목소리로 듣게 됩니다. 그의 젊은 목소리는 이 시를 통해 처음 듣는 것이지만, 그럼에도 저는 그 목소리를 들어본 적이 있다고 느낍니다. 시인이 남긴 생생한 시를 통해 필사적으로 다른 누군가의 부재를 이끌어낸 다음, 그의 부재로부터 그의 존재를 재확인하는 과정을 거치고, 거기서부터 또다른 생각이 시작되는 것입니다. "거기 있었던 현실적 물체로부터, 여기 있는 나와 접촉하러 오는 복사광선

---

* 김종삼, 「장편掌篇·1」, 『김종삼 전집』, 권명옥 엮음·해설, 나남, 2005.

들이 출발했다."* 다시 바르트의 문장이네요. 시인의 잘 알려진 또다른 시, 「북치는 소년」의 첫 연은 "내용 없는 아름다움처럼"으로 시작되지요. 저는 그 문장을 모더니스트 시인이 쳐둔 한 겹의 베일이라고 생각해봅니다. 오래전 누군가가 보내오는 따사로운 빛을 쬐면서 말입니다.

(『월간미술』 2021년 10월호)

---

* 롤랑 바르트, 『밝은 방』, 김웅권 옮김, 동문선, 2006.

10
월
25
일

시

아스파라거스가 있는 정물

테런스가 핀업걸 포스터 아래 앉는다.
늘 같은 테이블.

'맛이 마음에 들지 않는다는 이유로 환불하지 않음'
'그러니 현명하게 고르세요!'

테런스는 미국 텍사스주에서 왔다.
직업은 영어 교사다.

'신메뉴 출시! 볼케이노 스파게티'
'팁 별도'

메뉴판의 모든 가격은 달러로 표시되어 있다.

한국인에게선 환율과 상관없이 달러당 천 원을 받는다.

그는 치즈버거와 콜라를 먹는다.

느린 팝송이 흐르는 실내.
플라스틱 식탁보, 커다란 텔레비전.
텅 빈 당구대. 번쩍거리는 다트 기계.

웨이트리스는 한 명뿐이다.

테런스는 값을 치르고 식당을 나선다.
딸랑거리는 종소리와 함께 문이 닫힌다.

커다란 접시 위에 더운 야채가 그대로 남아 있다.

낮부터 마시는 사람들은 불콰한 얼굴로 웅성거리고
창밖에선 새마을금고 깃발이 펄럭거린다.

'새로운 무알코올 음료 출시'

'다양한 맛을 즐겨보세요!'

바람이 세게 부는 날.

10

월

26

일

시

가드닝

 사람들은 시인이 부자가 되고 싶다고 하면 농담인 줄 알고 웃지만. 하지만 가난한 시인이 있는 것처럼 부유한 시인도 있는걸. 가끔 궁금하다. 선생님 댁 강남이잖아요. 아파트잖아요. 어떻게 부자가 되나요? 사실 실제로 묻기도 했다. 선생님 요번엔 양평에 집 새로 지으셨다면서요. 도대체 돈은 어떻게 버는 거냐구요. 좀 알려주세요. 선생님은 젊은 애가 벌써 그런 생각 하냐며 웃으시고. 지금은 없어도, 나중엔 다 생긴다고 하시고. 정말요? 그럼, 저절로 생겨. 돈은 나이들면 저절로 생기는 거야. 그러니 지금부터 돈 걱정하지 말고 진짜로 하고 싶은 일 해. 그러다보면 다 생겨. 우와, 선생님은 정말 부자라서 잘 모르시는구나. 나를 귀여워하시는 선생님 댁에 초대를 받았다. 궁금해서 안 갈 수가 없었다. 선생님은 높은 곳에서 작은 텃밭을 가꾸고 계셨는데 그건 참 평범하고 소박한 아름다움이었다. 집은 그냥 그랬는데…… 눈부시게 깨끗했다. 선생님, 나 신발을 못 벗겠어요. 거기 슬리퍼 신어. 우리집 예쁘지? 예뻐요, 선생님. 정말 예뻐요. 선생님은 좋겠다. 나는 언제 이런 집에 살지? 근데 정말 선생님 말씀이 틀리지만도 않았다. 배 주릴 걱정, 집세 걱정 없어지니 그런 걱정엔 발이 달려서 저희끼리 저절로 떠난 것 같고. 돈이 어디선가 적당히 생겨나는 것도 같네. 영영 마르지도 않을 것 같다. 단지 내 우물은 좀 작은 거야. 하지만 거지는 아니지. 나의 새로운 꿈이라면, 작은 마당을 갖고 싶어……, 동네 사람들이 꼴 보기 싫어할 정도로 키 큰 풀과 나무가 자라는 정원을 가꿀 거야…… 철없을 때 나는 여유가 없었고, 분노했고, 슬펐고, 아팠고, 힘들었고, 괴로웠고, 죽을 생각을 자주 했고, 어떤 미래도 보이지 않았고, 부자는 적대시하고 빈자를 동족으로 느꼈노라고, 내 마당이 보이는 책상에 앉아서 쓰겠지. 그땐 정말 앞이 깜깜했고, 참 힘들게 살았었다고, 젊은 나를 가엾게 여기고. 잔인한 운명과 고난을 증언하고. 하지만 빈 주머니에 주먹만 두 개 넣고 다니던 그때의 나와 지금의 내가 그리 다르지도 않다고. 사실 아무것도 변하지 않았노라고. 나이가 들어도 아는 것보다 모르는 것이 여전히 많다고 겸손을 담아 진심으로 쓰겠지. 가벼운 수치심 같은 건 잘 이겨내겠지. 아름다운 마당에 속수무책으로 자라는 식물의 색과 모양이 계절마다 바뀌는 걸 관찰하면서, 잡은 벌레를 놓아주겠지. 그리고 말할 거야. 내가 예전부터 이런 걸 참 좋아했다고.

10

월

27

일

에세이

결국 버스를 혼자 타다가 경찰차로 귀가해버린 사건 이후

피아노 학원을 그만둘 수 있었다.

쉬운 소나타

 거실에 검은색 업라이트 피아노가 있었는데, 언제부터 있었는지는 기억나지 않는다. 붉은색 손뜨개 덮개를 씌운 피아노 머리 위에는 메트로놈이 있었다. 뚜껑이 열리는 피아노 의자 안에 소중한 장난감을 넣어두었다. 종이 인형의 옷장으로도 썼다. 나는 학교에 입학하고 나서도 계속해서 바이올린을 배우고 싶었지만, S가 다니는 피아노 학원에 따라가게 되었다. L이 심혈을 기울여 고른 학원은 버스를 타고 20분은 가야 하는 거리에 있었다. 원장은 까다롭고 신경질적인 사람이었다. 30cm짜리 투명한 자를 가지고 아이들의 손목을 탁탁 치고, 박자에 맞춰 손뼉을 짝짝 치다가 틀리면 소리를 질렀다. 원장이 고개를 휙 돌리며 쏘아볼 때마다 둥글게 말아 스프레이를 잔뜩 뿌린 앞머리와, 커다란 후프 모양의 금귀고리가 출렁거리던 모습. 원장에게서 직접

레슨을 받아야 한다는 L의 방침 덕분에 나는 피아노 치기를 좋아하지 않는다는 사실을 일찍 깨닫게 되었지만, S의 재능은 말 그대로 갈고 닦여 빛이 나게 되었다. 연주를 잘하는 아이들은 이미 바흐, 모차르트, 베토벤, 쇼팽으로 진도를 쭉쭉 뻗어나갔고 S도 그랬다.

연말에 열린 학원 연주회에서 S는 다른 뛰어난 아이들과 실력을 선보였다. 발표회는 시립예술회관에서 열렸다. 나는 처음으로 학원에서 학교에서 교실 뒤에 꾸민 간이 무대가 아닌 진짜 무대와 무대 뒤까지 보았다. 푸른색 드레스를 입은 S는 분장실에서 얼굴에 이것저것 발라 창백하고 반짝이고 보송보송해졌다. 『작은 아씨들』의 메건처럼 만든 올림머리에는 콩알만한 모조진주가 달린 핀을 잔뜩 꽂았다. 공연 시작 직전이 되었을 때 L과 관객석으로 돌아가 긴장되는 마음으로 S의 연주를 기다렸다. 다행히 무사히 연주가 끝났던 것 같다. 미리 준비한 꽃다발을 들고 무대로 달려가 퇴장하는 S에게 주었다. 무대에서 연주하는 S의 기분을 상상해 보았지만 잘 되지 않았다.

S가 개인교습을 받게 되면서 학원은 그만두었지만, 그즈음의 인상적인 기억이 있다. 나는 버스 맨 뒷자리 창가에 혼자 앉아 있다. 나는 엄청나게 빠른 속도로 모차르트 피아노 소나타 16번을 연주하는 S를 흉내내며 무릎 위에 올린 납작한 가방 위로 손가락을 움직여보다가 그만 흉내에 완전히 빠져들고 말았다. 손가락을 잘못 짚은 부분은 오른손과 왼손을 따로 움직여가며 열정적으로 연습했다. 드디어 흡족하게 연주를 끝냈을 때, 옆에 앉아 있던 젊은 여성이 말을 걸었다. 너 몇 살이니? 피아노 치니? 누구의 몇 번을 치니? 나는 머쓱해서 "피아노 못 치는데요" 하고 대꾸했고, 그 사람은 가볍게 웃으며 아, 하더니 더는 말을 걸지 않았다. 정말 부끄러웠다.

성인이 되고 서양 고전음악을 즐겁게 들을 수 있었던 것은 K 덕분으로, 피아노 연주곡을 애호하는 그의 성향을 따라 이럭저럭 듣다가 관심도 생겼다. 2018년 11월에는 K와 결혼기념일을 자축하며 안드라스 쉬프 András Schiff 의 리사이틀에 갔다. 나는 피아노 독주회가 처음이었기 때문에, 조금 걱정되는 마음으로 한 달 내내 그날의 프로그램을 예습

했다. 멘델스존 환상곡, 베토벤 소나타, 브람스의 8개의 피아노 소품과 7개의 환상곡, 바흐의 영국 모음곡. 특히 익숙하지 않은 멘델스존, 헷갈리는 브람스를 열성적으로 되풀이해 들었다. 작은 쪽지에 감상시 유의할 점들을 빼곡히 적어 주머니에 넣어 갔다. 비염 때문에 수선을 피울까봐 여분의 알레르기 약과 손수건도 챙겼다. 두 시간이나 일찍 콘서트홀에 도착해서는 공연 직전까지 들뜬 마음으로 여기저기 거닐었다.

피아니스트가 건반을 눌러 첫 음이 울려퍼지던 순간부터 모든 상황을 또렷이 기억하고자 다짐했지만, 막상 연주가 시작되자 금세 압도되었다. 콘서트홀의 일부가 된 것처럼 자리에 붙박여버렸다. 평소 집에서 쉬프가 연주한 버전을 주로 들었기 때문인지, 영국 모음곡부터는 나도 마음을 가다듬을 수 있었다. 다른 사람들은 어떤 모습으로 음악회를 '즐기고' 있을지 궁금하고 조바심이 나서 K의 얼굴을 훔쳐보았다. 영국 모음곡이 끝나자 관객들은 열렬히, 아주 오래 손뼉을 쳤다. 연주자는 인사를 하고 퇴장했다가 다시 환호와 박수 속으로 나타나 다시 인사를 하고 퇴장했다가 다시 피아노 앞에 앉았다. 한국인 관객들은 특히 반응이 좋은 편이라고들 하던데, 과연 백발의 피아니스트에게도 예외는 없어서 앙코르가 몇 곡이나 더 이어졌다. 나는 이제 이 모든 사람들과 같은 것을 원하고 같은 행동을 하는 일에 큰 재미를 느끼고 있었다. 모두에게 공평하게 돌아가도록 넉넉히 준비된 사탕 바구니 앞에서 사탕을 요구하는 것처럼. 피아니스트가 마지막 앙코르 곡으로 모차르트의 피아노 소나타 16번을 치기 시작했을 때 우리는 모두 웃음을 터뜨렸다. 첫 몇 마디가 끝나기 전에 서둘러 웃음을 거둬들인 다음, 각자 자신 속에 푹 파묻혔다.

(2021년 10월 27일)

10

월

28

일

시

행성

누군가 먼저 차를 타고 떠났다

나는 손을 흔드는 역할

남은 사람들과 곁불을 쬔다
손등에 일렁이는
작은 불은 더 작은 불을 만들 뿐
우리는 침묵 속에서

자신의 손을 펼친다 이따금 뒤집어가며
불과의 거리에 심취하여

고개를 드는 사람은 없다 아무것도 섞이지 않는다

불이 끝날 때까진

끝이 아니겠지만

곧 잔불은 꺼지고

내 찬 손도 뻣뻣해질 것이다

약간의 대기와 그 속의 먼지

희미하게 조성되는 새로운 명도

다시 손을 흔드는 역할

그 뒤

10
월
29
일

에세이

찬물이라도 한 사발 끼얹어보았더라면.

물 한 사발

 나는 대체 무슨 생각으로 시를 쓰는가. 벌써 한숨이 나온다. 아마 불가해한 문제, 곤란한 상태, 상황, 사건들을 마주했을 때 쓰는 것도 같다. 시의 대략적인 구상을 끝낸 다음 쓰는 경우가 많지만, 머릿속에서 시가 끝났다고 생각했을 때도 막상 키보드를 두드려보면 예상치 못한 생각이나 리듬이 틈입한다. 그럴 때는 즐겁다. 반대로, 아무 생각도 못하겠다 싶을 때 의미 없는 단어를 끄적이다가 거기에 빠져들기도 한다. 그 역시 즐겁다. 하지만 즐거움보다는 어려움을 훨씬 더 많이, 자주 느끼는 것 같다. 앞에서는 이렇게 썼다.

 매일 책상 앞에서 다짐한다. 시에서 가족을 빼자. 집을 빼자. 몸을 빼자. 고통과 슬픔을 빼자. 아직도 피 흘리고 있는 사건들을 빼고 쓰자. 키우던 개와 고양이를 빼자. 유년기를 빼자. 소년기도 빼자. 구체적인 날짜, 지명과, 헛것들도 빼자. 귀신, 유령, 천사, 신, 무당, 모두 빼고, 산 사람과 죽은 사람을 빼고, 그래, 계절과 날씨도 빼자. 전부 다 빼고 쓰자.

그러니까 웬만하면 거절하고 거부하고자 하는 태도랄지, 마음가짐이랄지 하는 것이 있는 것도 같다. 이리 오라면 반드시 저리 가고 마는 마음 같은 것. 그럼에도, 아무리 도망치고 회피해도 결국은 굴복하여 말하게 되는 과정이 나의 글쓰기일지도 모르겠다.

자주 떠오르는 풍경이 있다. 처음으로 대학에서 글쓰기 수업을 들었을 때의 일이다. 수업 초반에 학생들은 자신에 대한 에세이를 준비해 발표하기로 했는데, 발표 당일에 나는 무척 당황했다. 많은 학생이 자신에 대한 글을 발표하다가 눈물을 흘렸기 때문이다. 그들 대부분이 여성이었는데, 나는 그 상황을 어떻게 받아들여야 할지 혼란스럽고 두려웠다. 그래서 나는 그 일을 창작 전공 학부생들의 호들갑스럽고 예민한 분위기 속에서 일어난 조금 우스운 에피소드로 취급하기로 마음먹었고, 그뒤로 몇 번 수업을 나가는 둥 마는 둥 하다가 그만두었다. 그러나 그후로 십수 년, 울먹이던 여자들의 목소리가 귓전에 들러붙은 채 살아왔다. 고작 자신을 설명하는 것만으로, 불안해하고, 공포에 질리고, 고통에 잠기고, 우는 여자들. 이제 그들의 얼굴이나 글의 내용은 기억나지 않지만, 그 소리들. 떨리는 음성, 참는 몸짓, 헛기침, 어색한 말투, 갑자기 터져나오는 울음, 간신히 갈라진 채 튀어나오는, 제어되지 않는 목소리들.

내가 그때 그들만큼 솔직했더라면 나의 삶이 조금 달라지지 않았을까, 이것은 최근 쓰면서 자주 하는 생각이다. 그때 도망치지 않고 그 사람들과 수업을 끝까지 들었으면 좋았을 것이다. 그들을 경멸하는 대신에, 나 자신을 경멸하는 대신, 그들에게 티슈라도 뽑아주었더라면, 나의 눈물을 훔치고, 나는, 도망치는 대신, 그들에게 박수는 아닐지언정 짧은 눈길이라도 보냈더라면, 그러니까 나 자신에게. 도망치지 않고, 내 단단하고 높게 쌓인 우울과 슬픔과 절망의 벽을 홀로 더욱 두텁게 보수하는 대신, 아, 그 벽에 찬물이라도 한 사발 끼얹어보았더라면.

한동안 여성 시인들의 첫 시집을 찾아 읽었다. 그들의 최근 대표작 대신, 꼭 처음, 첫 시집이어야만 했다. 그 책들을 읽으면 아무것도 쓰고 싶지 않았고, 쓸 수 없었고, 이따금 무엇이든지 쓰고 싶어졌다. 중간이 없었다. 그들처럼 나를 바닥까지 가라앉히고 끝까지 밀어붙이고 싶지만. 나는 이제야, 뻔뻔하게도, 그러나 어설픈 포즈조차도 제대로 취하지 못하고 있다는 생각. 내가 어디서 무얼 하고 있는지는 아직 깜깜하지만, 그래도 가고 싶은 곳이 있다.

(『시 보다』 2021)

10

월

30

일

시

회고와 전망

 봄 날씨 탓인지 시에 자꾸 우울하다고 쓰고 싶은 충동이 일어난다 시에 우울해 우울해 그런 말을 쓰면 좋은 시가 안 되겠지 대신 종일 소파에 드러누워 아무 일도 하지 않았다고 쓰면 어떨까 그건 사실이기도 하고 우울하다고 쓰지 않는 대신 분위기를 좀 보여줄 수도 있겠지만 그렇다고 좋은 시가 되는 것도 아니라서 그냥 또 한번 쓴다 우울해 누워서 꼼짝도 못한 건 아니고 생각할 게 분명 있었는데 그 생각이 너무 길어져서 일어나지 못했을 뿐 누워서 생각을 하던 와중에도 급한 전화는 받고 이메일과 문자에 답장도 했다 커피를 따르려 몸을 일으키기도 화장실에 다녀오기도 그래도 온종일 누워 있었다고 써도 무방하지 뜻이 통하니까 무방한데 글자만이 흩어진다 글자는 흩어져버리고 이렇게 우울해 훤한 대낮에 만날 수 없는 사람과는 만나지 말고 언제라도 대체 그게 언제라도 낮이고 밤이고 부끄러운 짓은 저지르지 말아야 해 창밖에는 멀고 높은 가을 하늘이 있고 나는 소파에 길게 누워 생각해본다 누구한테 들은 말이지 너무 어려운 시절을 함께한 사람과는 잘 만나지지가 않는다는 그 사람 생각은 자주 하는데 정말 이상해 옛날 생각이란 건 하면 할수록 우울해질 뿐 정말 그렇지 좋은 시란 무엇일까 생각할수록 우울해질 뿐이다 참 멍청하게 드러누워서 껌벅껌벅 무섭다 무섭다 춥다 춥다

10
월
31
일

에세이

늦은 밤 홀로 방에 누워
슬픔을 묻는 너의 웃음을 생각하네
웃음을 찾는 너의 슬픔을 생각하네
—이민휘, 〈무대륙〉(《미래의 고향》, 2023)

작고 성가시고 끈질기게*

휴지를 돌돌 말아 양쪽 콧구멍에 넣고 이 글을 씁니다. 작은 휴지 뭉치를 콧속에 넣은 채로요. 저는 지금 알레르기성 비염 때문에 흐르는 콧물을 이러지도 저러지도 못한 채 오늘로부터 얼마 남지 않은 1월을 향해 글을 쓰고 있습니다. 약이 전혀 듣지 않는군요. 아주 가까운 미래를 향해 달려갑니다. 콧물과 휴지와 발작 같은 재채기와 두통도 함께 가고 있습니다. 멀지 않은, 하지만 내일보다는 조금 먼 미래를 향해 갑니다. (책을 받아 펼친 미래의 나에게도, 안녕. 부디 비염 증상이 완화되어 있기를 바란다.) 그리고 지금 막 독서를 마친 책은 루쉰의 『죽은 불』(김택규 옮김, 인다, 2021) 입니다.

---

*2022년 상연된 권령은 안무가의 퍼포먼스 작품 〈작구 둥굴구 서뚜르게〉의 제목을 변용.

> 그들은 자신들의 신의 아들을 못박아 죽이려 했다. 가엾은 사람들아, 이는 그에게 부드러운 아픔을 줄 뿐인데. 땅, 땅, 소리와 함께 못이 그의 발등을 뚫고 뼈를 부숴 아픔이 마음속까지 파고들었다. 저주스러운 사람들아, 이는 그에게 편안한 아픔을 줄 뿐인데.
>
> ―「복수·2」

저 문장들 앞에서 오래 머물러 있었습니다. '부드럽고 편안한' 고통 앞에서요. 고통이 싫습니다. 정말 싫습니다. 아주 죽도록 아픈 일은 물론이거니와, 그러니까 배를 찢고 내장을 가르고 꿰매고 하는 사건도 싫지만, 그 전후의 소변줄이나 주사나 마취 가스 따위로 생기는 작고 생생한 고통도 싫습니다.

언젠가 입원했을 때 가장 괴롭게 여겼던 것은 보이지 않는 내장의 사정이 아니라 새벽마다 돌아오는 채혈 시간, 더 바늘 꽂을 자리가 없는 팔의 둔한 통증 같은 것이었습니다. 원래 주사를 그리 끔찍하게 여기는 편이 아닌데도 그뒤로 주삿바늘 볼 일이 생기면 멍하게 불쾌한 기억을 떠올리곤

했습니다.

 지금은 그 감각이 무뎌졌지만, 어쨌든 그런 과정을 통해 저는 알게 된 것입니다. 작고 성가시고 끈질긴 것들만이 만들 수 있는 특유의 좌절과 무력감, 그 독특한 고통의 장르에 대해서요. 그 하찮은 고통은 초가을 밤에 들러붙는 모기처럼 성가시고 끈질깁니다. 그 고통은 너무 작기 때문에 남들에게 불평하거나 호소할 만한 일이 못됩니다. 사지를 자유롭게 쓸 수 있고 아직은 펄쩍펄쩍 뛸 기력이 있는 사람이라면 한 마리 모기쯤 대수롭지 않겠지요. 하지만 손가락 하나 움직이기 힘든 어떤 밤에는 밤새 윙윙대는 모기가 제풀에 지칠 때까지 긴 인내와 고통의 시간이 필요할 것입니다. 손톱보다 작은 모기 한 마리도 어떻게 할 수 없이 견뎌야 하는 날도 있습니다. 고통을 고통이라고 부르지 못하면서요.

 저는 마음의 고통을 그와 같이 느낍니다. 마음에는 형체가 없고 몸이 없습니다. 그래서 주사 때문에, 알레르기 때문에, 모기 때문에 아프다고 말할 수 없습니다. 눈에 보이지 않으니 고통을 겪는 본인도 좀 애매한 입장이 됩니다. 아픈 것이 마음인지, 몸인지, 혹은 계절이나 날씨 때문인지, 기분 탓인지, 점심에 먹은 빵이 문제였는지 곰곰이 추적도 해보지만, 대개 원인도 증상도 불명으로, 그저 사소하고, 성가시고, 끈질긴, 고통인지 슬픔인지 분노인지 의심인지 알 수 없이 앓을 수만 있는 어떤 상태.

> 모기소리보다도 더 작은 목소리로 시작하는 것이다. 모기소리보다도 더 작은 목소리로 아무도 하지 못한 말을 시작하는 것이다.*

왜 이렇게 사소한 일만 가지고 글을 쓰는가 싶을 때도 있지만, 저는 그냥 그렇게 생겨먹은 것 같습니다. 호쾌하고 기개 높은 글은 쓸 줄 모릅니다. 저는 사소한 것들에 대해 사소한 시를 쓰는 사소한 사람입니다. 수많은 사람이 시를 쓰는 시대에 저의 시 한 편이 무엇이 될 수 있겠습니까. 그저 모르는 채로 쓰고 있습니다. 어쩔 줄 모르면서 쓰고 있습니다. 수치 속에서, 고통을 느끼면서, 고통을 피하면서, 누군

---

* 김수영, 「시여, 침을 뱉어라」(1968), 『김수영 전집 2』, 이영준 편, 민음사, 2018.

가와 고통을 나누게 될지도 모른다는 불길한 예감에 몸을 떨면서. 최승자 시인처럼 "시를 뭐하러 쓰냐고? 글쎄 그럼 시를 뭐하러 안 쓰지?"* 되물을 배짱이 없습니다.

아직까지 제가 아는 것은 시가 고통의 수많은 형식 중 하나라는 사실입니다. 별것 아니지만 어쨌든 존재하는 것입니다. 고통은 명확하지 않은 감정들이 멋모르고 태어나는 자리입니다. 수많은 사람이 태어나서 죽지만 전혀 모르는 타인의 죽음보다는 가까운 사람의 죽음 앞에서 우리는 눈물을 더 잘 흘립니다. 이것 보세요, 인간, 얼마나 단순한지. 인간, 얼마나 하찮고 우스운지. 인간, 얼마나 귀하고 귀한지. 하나로 꿰어지지 않는 마음의 수많은 조각이 잘 빻은 유리 조각처럼 세상에 뿌려져 우리를 알게 모르게 다치게 합니다. 그걸 왜 줍기로 했는지, 언제까지 주울지, 주워서는 뭘 할지 모르겠습니다. 어쨌거나 지금은 휴지로 콧구멍을 틀어막고 이렇게 지내고 있습니다.

---

* 『한 게으른 시인의 이야기』, 난다, 2021.

> 다른 것을 봐도 같은 것을 떠올린다 1분 전이 2분 전을 참고했기 때문이다 이 생각은 독보적이라고 생각했는데 이미 너도 하고 있다*

올해의 고통은 작년의 고통을 떠오르게 할 것입니다. 올해는 작년을 참고하기 때문입니다. 그러나 홀로 불안 속에서 고독하게 작업중인 동료와 친구 여러분, 부디 용기를 가지고 계속해보십시다. 저도 그렇게 하겠습니다.

(『월간미술』 2022년 1월호)

---

* 임지은, 「동시대」, 『때때로 캥거루』, 문학과지성사, 2021.

핸드백에 술을 숨긴 적이 있다
ⓒ 임유영 2024

초판 1쇄 인쇄 2024년 9월 25일
초판 1쇄 발행 2024년 10월 1일

지은이 임유영
펴낸이 김민정
책임편집 김동휘 **편집** 유성원 권현승
표지디자인 김마리 **본문디자인** 최미영
저작권 박지영 형소진 최은진 오서영
마케팅 정민호 박치우 한민아 이민경 박진희 정유선 황승현
브랜딩 함유지 함근아 박민재 김희숙 이송이 박다솔 조다현 정승민 배진성
제작 강신은 김동욱 이순호
제작처 영신사

펴낸곳 (주)난다
출판등록 2016년 8월 25일 제406-2016-000108호
주소 10881 경기도 파주시 회동길 210
전자우편 nandatoogo@gmail.com **페이스북** @nandaisart **인스타그램** @nandaisart
문의전화 031-955-8875(편집) 031-955-2689(마케팅) 031-955-8855(팩스)

ISBN 979-11-94171-13-3 03810

○이 책의 판권은 지은이와 (주)난다에 있습니다.
○이 책 내용의 전부 또는 일부를 재사용하려면 반드시 양측의 서면 동의를 받아야 합니다.
○난다는 (주)문학동네의 계열사입니다.
○잘못된 책은 구입하신 서점에서 교환해드립니다.
  기타 교환 문의: 031-955-2661, 3580